.

Desafios da sociedade contemporânea

Reflexões de *Gilberto Dupas*

FUNDAÇÃO EDITORA DA UNESP

Presidente do Conselho Curador
Mário Sérgio Vasconcelos

Diretor-Presidente
José Castilho Marques Neto

Editor-Executivo
Jézio Hernani Bomfim Gutierre

Superintendente Administrativo e Financeiro
William de Souza Agostinho

Assessores Editoriais
João Luís Ceccantini
Maria Candida Soares Del Masso

Conselho Editorial Acadêmico
Áureo Busetto
Carlos Magno Castelo Branco Fortaleza
Elisabete Maniglia
Henrique Nunes de Oliveira
João Francisco Galera Monico
José Leonardo do Nascimento
Lourenço Chacon Jurado Filho
Maria de Lourdes Ortiz Gandini Baldan
Paula da Cruz Landim
Rogério Rosenfeld

Editores-Assistentes
Anderson Nobara
Jorge Pereira Filho
Leandro Rodrigues

Desafios da sociedade contemporânea

Reflexões de *Gilberto Dupas*

editora
unesp

© 2014 Editora Unesp

Fundação Editora da Unesp (FEU)
Praça da Sé, 108
01001-900 – São Paulo – SP
Tel.: (0xx11) 3242-7171
Fax: (0xx11) 3242-7172
www.editoraunesp.com.br
www.livrariaunesp.com.br
feu@editora.unesp.br

CIP – Brasil. Catalogação na publicação
Sindicato Nacional dos Editores de Livros, RJ

D942d

Dupas, Gilberto, 1943-
  Desafios da sociedade contemporânea: reflexões de Gilberto Dupas / Gilberto Dupas. – 1. ed. – São Paulo: Editora Unesp, 2014.

  ISBN 978-85-393-0545-2

  1. Civilização moderna – Filosofia. 2. Ética. 3. Tecnologia e civilização. I. Título.

14-13904
CDD: 909
CDU: 94

Editora afiliada:

Asociación de Editoriales Universitarias
de América Latina y el Caribe

Associação Brasileira de
Editoras Universitárias

Sumário

Prefácio   VII
Celso Lafer

Apresentação   XIII
Tullo Vigevani

O ONTEM, O HOJE   1

1 Amarras e furacões   3
2 Lógica da globalização, tensões e governabilidade na sociedade contemporânea   7
3 São Paulo sob ferro e fogo   25
4 O direito ao mar   29
5 Revisitando Euclides   33
6 Novos controles sociais e privacidade   37
7 Origens do risco no capitalismo global   41
8 Todos moram em algum lugar   45
9 Filantropia e capitalismo global   49
10 Acabaram as utopias?   53
11 Ética e propaganda   57
12 A ilusão do progresso   61

V

Gilberto Dupas

13 Um dia, disparou os mísseis 65
14 Estado, violência e legitimidade 69
15 Paradoxos do capitalismo 73
16 Profetas e cientistas sociais 79
17 Variações sobre o tema global 83
18 Eleições e representação popular 87
19 O indivíduo venceu o cidadão? 91
20 Religião, angústia e civilização 95
21 A complicada democracia 99
22 Massas populares e democracia 103

O AMANHÃ 107

23 Aprendizes de feiticeiro 109
24 *Cyborgs* e o mundo que vem por aí 113
25 Tecnologia, razão e moral 117
26 As tecnologias e o mito do progresso 123
27 Uma nova ética para a ciência 129
28 Do drama de Sísifo às frágeis caravelas 135
29 Novos deuses e manipulação genética 139
30 Para onde nos leva o progresso? 145
31 O mito do progresso [I] 149
32 O mito do progresso [II] 153
33 Tecnologias e contaminação humana 157
34 Pós-humano: uma aventura trágica? 161
35 Morte digna 165

Prefácio

Celso Lafer[1]

Este livro é expressão de uma das notas identificadoras da personalidade de Gilberto Dupas: a do intelectual público.

Como é sabido, são múltiplos os papéis que os intelectuais interessados na vida política podem desempenhar nas sociedades contemporâneas. Um dos mais consagrados é a da crítica ao poder, que tem um dos seus fundamentos no kantiano "uso público da razão". Este se manifesta pelo exercício da liberdade de opinião e de pensamento e tem muito a ver com o inconformismo diante dos males da sociedade.

Os textos reunidos neste livro, que se estendem num arco de tempo que vai de 1985 a 2009, são, com uma exceção,

---

1 Doutor em Ciência Política pela Cornell University, doutor *honoris causa* da Universidade Jean Moulin Lyon 3 (França), Universidade Três de Febrero (Argentina) e Universidade de Haifa (Israel). É professor titular da USP e presidente da Fundação de Amparo à Pesquisa do Estado de São Paulo (Fapesp). Ex-ministro das Relações Exteriores (1992 e 2001-2002) e embaixador do Brasil na ONU (1995-1998), é autor de diversas obras, entre elas *Hannah Arendt – Pensamento, persuasão e poder* (2003, 2.ed. revista e ampliada) e *A identidade internacional do Brasil e a política externa brasileira* (2004, 2.ed. revista e ampliada).

exercícios do "uso público da razão" articulados por Gilberto Dupas na sua atividade de colaborador das páginas de opinião de *O Estado de S. Paulo, Folha de S.Paulo* e *Jornal da Tarde*. Nesta atividade, ele se destacou pela abrangência dos seus interesses e de suas leituras e pela seriedade de suas análises. A sua escrita é clara e muito reveladora, não só da inteireza do seu caráter como de uma ética de responsabilidade inspirada em Hans Jonas, que permeou sua conduta. A dicotomia incluídos/excluídos e o que leva à inclusão ou à exclusão no mundo contemporâneo é o tema subjacente e recorrente dos textos, voltados para avaliar o ontem, discutir o hoje e pensar o amanhã.

Dupas, que teve a formação de engenheiro e de economista, viveu, como disse no seu depoimento de 2008 ao Museu da Pessoa,[2] experiências profissionais e executivas no mundo do capital. Por isso tinha um conhecimento "de dentro" do que é a *Lógica da globalização*, da sua racionalidade e eficiência, como explicita no ensaio do mesmo título inserido neste livro, que é o único de maior abrangência e por isso não foi publicado em páginas de opinião de jornal. Essa racionalidade e eficiência sobre como se conjugam meios e fins redundam, no entanto, em processos de exclusão, um dos males da sociedade contemporânea, que Gilberto Dupas aponta sem demagogia, mas com independência e vigor crítico. Daí o seu "parar para pensar" arendtiano sobre onde estamos e para onde vamos, não dissociado do lastro prático da sua experiência profissional no mundo do capital. Isto explica uma característica da *forma mentis* de Gilberto Dupas que associava o olhar realista da racionalidade instrumental às

---

2 Disponível no endereço: <http://museudapessoa.postbox.com.br/_index. php/usuario/16405-gilberto-dupas>. Acesso em jun. 2014. (N. E.)

inquietações filosóficas de um coração utópico, preocupado com o homem e o seu destino. Suas considerações sobre privacidade, moradia, filantropia, utopias, ética e propaganda, violência e legitimidade, assim como suas observações a respeito das ilusões de progresso, dos paradoxos do capitalismo, de religião e angústia, de eleições e democracia e do impacto da tecnologia, exemplificam muitos dos tópicos sobre os quais se debruçou, compartilhando com os seus leitores as suas reflexões sobre os pressupostos que estão subjacentes à vida das sociedades contemporâneas.

Nos últimos anos da sua vida, Gilberto Dupas, graças ao sucesso que teve na experiência profissional no setor privado, pôde ter condições para se consagrar com plenitude à sua vocação intelectual. Uma vertente dessa vocação foi a do intelectual militante preocupado com a política no sentido amplo e não partidário do termo. Daí suas contribuições para a imprensa das quais este livro é uma qualificada amostragem. Essa atividade intensificou-se a partir dos anos 1990, e a ela Gilberto Dupas dedicou-se com empenho, mas também com a satisfação de quem, no exercício do papel de intelectual público, dava continuidade às suas preocupações com a *res publica*. Estas remontavam aos seus tempos de estudante universitário e aprimoraram-se com a experiência da sua participação na esclarecida e democrática gestão de Franco Montoro no governo do Estado de São Paulo.

Tal atuação se viu complementada, embasada e enriquecida nos importantes e bem elaborados livros a cuja redação e pesquisa Dupas dedicou-se nessa fase da sua vida. Entre eles: *Economia global e exclusão social* (Paz e Terra, 2001, 3.ed. revista e atualizada); *Ética e poder na sociedade de informação* (Editora Unesp, 2010, 3.ed.); *Tensões contemporâneas entre o público e o privado* (Paz e Terra, 2003); *O mito do progresso*

(Editora Unesp, 2006). Essa atividade reflexiva também se viu complementada pelas interações multidisciplinares, frutos dos projetos que inspirou, coordenou ou participou, que lhe propiciaram uma rede, por assim dizer, institucional, ampliando o horizonte dos seus interlocutores.

Destaco o Grupo de Análise da Conjuntura Internacional (Gacint) – que coordenou e que congregava docentes da USP e especialistas em relações internacionais, numa primeira fase no âmbito do Instituto de Estudos Avançados (IEA) da USP; hoje, o grupo integra o Instituto de Relações Internacionais (IRI), também da USP.

Lembro sua notável atuação como editor da revista *Política Externa*, que ainda mantém a linha que imprimiu à revista de empenho no pluralismo e na diversidade, o que faz dela o fórum mais amplo em nosso país de análise e discussão dos grandes temas da política externa. Menciono ainda a criação, em 2002, de um centro, o Instituto de Estudos Econômicos e Internacionais (IEEI). No âmbito dele, Gilberto Dupas conduziu e coordenou pesquisas importantes que foram subsequentemente publicadas, como a título de ilustração: *América Latina no início do século XXI* (2005) e *Meio ambiente e crescimento econômico: tensões estruturais* (2008). Dupas, sabedor da gravidade de sua doença, com a ajuda de amigos e colegas, logrou ver incorporado esse centro, o IEEI, à Unesp, conseguindo, assim, dar continuidade institucional às suas preocupações intelectuais.

Permito-me concluir com uma referência ao último dos artigos reunidos neste livro, intitulado "Morte digna". Nele, Dupas discute quais são os limites do prolongamento da vida pela tecnologia e pelos medicamentos, postulando que uma morte digna é um direito humano.

"A morte sempre esperada, é sempre inesperada", afirmava Octavio Paz. Gilberto Dupas enfrentou com coragem – que é

Desafios da sociedade contemporânea

o sentimento das suas próprias forças – essa expectativa do inesperado, desde o momento em que soube, em 2008, da letal doença que tinha. Não incidiu, para falar com o padre Antonio Vieira, nas lágrimas que são o alívio natural para as enfermidades da vida, nem se entregou, sem mais, aos medicamentos, remédio artificial para essas enfermidades. Empenhou-se, para continuar com o padre Vieira, em "meter tempo entre a morte e a vida" e procurou "morrer bem para morrer melhor". A "Morte digna" de Gilberto Dupas confirma a afirmação de Montaigne de que a firmeza na morte é a ação mais notável da vida.

Como fraternal amigo e parceiro no correr dos anos em tantas atividades de Gilberto Dupas, creio poder afirmar que os artigos reunidos neste livro espelham, na sua variedade, a marca identificadora de sua atuação intelectual que foi, na linha de Bobbio, cujo livro *Direita e esquerda* tanto o impactou, "a inquietação da pesquisa, o aguilhão da dúvida, a vontade do diálogo, o espírito crítico, a medida do juízo, o sentido da complexidade das coisas".

Junho de 2014.

Apresentação
Gilberto Dupas (1943-2009),
um verdadeiro democrata

Tullo Vigevani[1]

Gilberto Dupas morreu em São Paulo em 17 de fevereiro de 2009, nascera em 30 de janeiro de 1943, em Campinas. A publicação deste livro, *Desafios da sociedade contemporânea*, é uma ocasião de comemoração e lembrança. Comemoração porque permite relembrar parte de sua intensa e ampla atividade. Recolhendo parte dos artigos publicados na imprensa, particularmente em *O Estado de S. Paulo* e *Folha de S.Paulo*, ajuda a entender sua contribuição para o debate público brasileiro. Organizada em duas partes, a coletânea, partindo dos 400 artigos publicados na grande imprensa paulista reunidos por Adalton César Oliveira, considerou os artigos não conjunturais. A obra expõe a visão de mundo de Dupas, como ele compreendia a humanidade, as relações internacionais e nosso país, num período que vai de 1985 a 2009.

---

1 Professor da Unesp, pesquisador do Centro de Estudos de Cultura Contemporânea (Cedec) e do Instituto Nacional de Ciência e Tecnologia para Estudos sobre os Estados Unidos (INCT-INEU), integrante do Instituto de Estudos Econômicos e Internacionais (IEEI).

A primeira parte, "O ontem, o hoje", mostra precisamente isso. A exemplo de sua produção acadêmica, os artigos abordam a crítica do capitalismo. Ou melhor, as mazelas do capitalismo. É duro em relação a elas. Do mesmo modo, apresenta a crítica da globalização, um tema central de sua obra intelectual, como discorre em "Paradoxos do capitalismo", um dos textos aqui coligidos, em que Dupas aborda a maior capacidade totalizadora do capital na chamada fase da globalização, sem ao menos deixar transparecer qualquer utopia.

A segunda parte, "O amanhã", demonstra bem seu perscrutar, como o autor via as potencialidades e os problemas, as dificuldades, os impasses. Dupas era um otimista/pessimista, acreditava que o tom crítico ajuda a pensar, sobretudo impede o acomodamento. Lição importante. Sua reiterada utilização do conceito de "voo da galinha" marcava o pessimismo. Mesmo quando algo parece caminhar, devemos estar atentos para as dificuldades. Essa relação entre o otimismo e o pessimismo a vemos bem no artigo "*Cyborgs* e o mundo que vem por aí", escrito no derradeiro momento e publicado um dia depois de sua morte. É otimista, os investimentos devem ser dirigidos aos jovens, são eles que devem ser objeto da vida. E não devem ser dedicadas tantas energias ao prolongamento daquilo que a natureza indica ser impossível prosseguir.

Dupas enfrentou de maneira extremamente corajosa, de peito aberto, uma doença fulminante, um câncer do pâncreas, recusando tratamentos mais invasivos a partir de certo momento, quando estes já não poderiam curá-lo e apenas prolongariam sua vida, como escreveu em artigo no *O Estado de S. Paulo*. Ele foi ativo e enérgico até o último respiro. No quarto do Hospital Albert Einstein, antes de ir para sua casa, ao lado de Margarida Dupas e dos três filhos, onde morreu, ainda telefonava a amigos e colegas discutindo as questões

Desafios da sociedade contemporânea

que o haviam interessado ao longo da vida: política brasileira, relações internacionais, política de desenvolvimento, questões institucionais nas quais estava intensamente envolvido, segundo lembraram, em primeiro lugar, Margarida e Lenina Pomeranz. No enterro e na missa de sétimo dia, celebrada na Igreja de São Domingos em Perdizes, fizeram-se presentes inúmeros intelectuais, profissionais, políticos, sobretudo muitos amigos, que com ele haviam compartilhado experiências e ideias, tendo concordado ou discordado. Um traço marcante de Dupas foi sua capacidade de diálogo. Em circunstâncias onde poderia haver intolerância, soube manter laços e pontes. Não apenas em relação a si próprio, mas também entre adversários e opostos.

Em ocasião do lançamento de livro resultado de uma pesquisa desenvolvida no Instituto de Estudos Econômicos e Internacionais (IEEI), *Uma nação com alma de Igreja* (2009), coordenado por Carlos Eduardo Lins da Silva, o então governador José Serra, em texto muito pessoal lido por Marcos Gasparian, relembrou os tempos de Escola Politécnica, onde muitos de nós convivemos, ao menos até o Golpe de Estado de abril de 1964. Serra relembrou velhas militâncias, na Juventude Universitária Católica, na Ação Popular. Lembrou o papel de Dupas no Instituto de Pesquisa Econômica Aplicada (Ipea), destacou seu papel no governo de Franco Montoro, como vice-presidente do Banespa, presidente da Caixa Econômica Estadual e depois como secretário da Agricultura. Dupas havia pronunciado o discurso de formatura dos engenheiros de sua turma, formados em 1966 na USP, ao lado do paraninfo Dom Hélder Câmara. Em outubro de 2009 foi atribuído o nome do professor Gilberto Dupas à Escola Municipal de Ensino Fundamental inaugurada pelo então prefeito de São Paulo, Gilberto Kassab, na Vila Nova

Cachoerinha. O então presidente Luiz Inácio Lula da Silva e seu ministro das Relações Exteriores da época, Celso Amorim, o condecoraram *post-mortem* com o título de Grande Oficial da Ordem de Rio Branco. Dupas foi importante interlocutor dos formuladores da política exterior do Brasil, nos diferentes governos democráticos, pensando de forma universalista e voltado aos interesses brasileiros. Também *post-mortem*, Dupas recebeu do Cônsul-Geral da França, em nome do presidente da República Francesa, a condecoração da *Ordre National de La Légion D'Honneur*, homenagem da qual havia tomado conhecimento, mas sem condições para recebê-la pessoalmente.

Intelectual público

O que queremos destacar com maior ênfase, ao discutir a ação de Gilberto Dupas, é o seu papel de intelectual público e de democrata convicto, talhado para o diálogo franco, para a polêmica, inclusive para a crítica dura, utilizando o recurso do *prendere in giro*, com o que fustigava alguns de seus melhores amigos. Esse caráter, particularmente o de intelectual público, é agora perpetuado com a publicação desta coleção de artigos de valor duradouro. Dupas foi um profissional e um intelectual amplamente escutado pelo Partido da Social--Democracia Brasileira (PSDB), mas também pelo Partido dos Trabalhadores (PT), como antes havia sido pelo Partido do Movimento Democrático Brasileiro (PMDB). Era ouvido com interesse por empresários, industriais, banqueiros, por sindicalistas da Central Única dos Trabalhadores (CUT). Insistimos nestes aspectos porque se trata de característica incomum no Brasil do final do século XX e início do século XXI. Foi interlocutor de diferentes governos, fase que se iniciou ainda

Desafios da sociedade contemporânea

antes da eleição de Tancredo Neves e José Sarney e continuou até sua morte, passando pelos governos Fernando Henrique Cardoso e Luiz Inácio Lula da Silva. Margarida Dupas lembra que ele conversou com Tancredo Neves, em 1984, na cidade de Belo Horizonte – quando este era governador de Minas e preparava-se para o cargo de presidente –, contribuindo para a elaboração das ideias do primeiro governo civil depois de vinte anos de regime militar. Um fato significativo e militante: Dupas foi um dos idealizadores e o executor direto do painel das "Diretas Já" colocado no Vale do Anhangabaú em São Paulo. Contribuiu continuamente com ideias nos campos de economia, sobretudo de relações exteriores nos últimos vinte anos. Como ele sempre ressaltava, foi pesquisador do Ipea, depois, já nos anos 1980, 1990 e 2000, nos meios intelectuais dialogou e colaborou com o Centro Brasileiro de Análise e Planejamento (Cebrap), com o Centro de Estudos da Cultura Contemporânea (Cedec), com o Instituto de Estudos Econômicos, Sociais e Políticos de São Paulo (Idesp).

Coisa muito excepcional, não sendo professor de carreira, colaborou intensamente com a USP, especificamente com o Instituto de Estudos Avançados (IEA), participando de seu conselho e coordenando sua área de relações internacionais na década de 1990, e com o Instituto de Relações Internacionais (IRI). Concebeu e coordenou o Grupo de Análise de Conjuntura Internacional (Gacint) a partir de 1997. No último período de vida, de 2005 a 2009, colaborou com a Unesp, onde era professor do Curso de Especialização em Negociações Econômicas Internacionais do Programa de Pós--Graduação em Relações Internacionais da Unesp, Unicamp e PUC-SP. Suas relações com o mundo acadêmico de diferentes países foram intensas, tendo contribuído com inúmeras universidades brasileiras, como a FGV-SP, e do exterior, onde

XVII

inclusive foi professor visitante na Paris II e da Universidade Nacional de Córdoba (Argentina). Fundou em 2000 o Instituto de Estudos Econômicos e Internacionais (IEEI), para cuja incorporação à Unesp trabalhou no último ano de vida. Particularmente relevante é sua atuação ao longo de anos, até sua morte, como editor de *Política Externa*, compartilhando com Celso Lafer, seu grande amigo, essa tarefa. A preparação da revista, seu pluralismo, a incessante busca de consolidá-la como momento de cruzamento de ideias diferentes, certamente foi uma preocupação contínua. Dupas passa a participar de seu Conselho Editorial em junho de 1999. A partir do número 4, volume 8, de março de 2000, ele e Celso Lafer tornam-se os editores, trabalho que ambos mantêm incessantemente até o número 4, volume 16, de março de 2008, quando apenas Dupas permanece na qualidade de editor. O último número a levar sua assinatura é o número 4, volume 17, de março de 2009, em virtude de sua morte, sendo sucedido por Carlos Eduardo Lins da Silva, editor-adjunto. As relações de Gilberto Dupas com Fernando Gasparian, da Editora Paz e Terra, facilitaram esse trabalho. Dupas também teve forte relacionamento com a Editora Unesp.

Não é nosso objetivo aqui discutir a biografia de Dupas, mas ressaltar a qualidade de intelectual público e de democrata convicto. Faremos algumas observações sobre sua produção intelectual, ressaltando sua formação humanista, seu interesse agudo por tudo o que é humano. Dupas teve nos últimos 25 anos, a partir de meados dos anos 1980, coincidindo com a redemocratização, até a sua morte, influência no debate público brasileiro. O peso que alcançaram suas ideias resulta de suas pesquisas, de seus livros, de seus artigos na imprensa, de sua participação na mídia, sua presença – como este *Desafios da sociedade contemporânea* demonstra – em *O*

Estado de S.Paulo, na *Folha de São Paulo*, nos debates e nas entrevistas da Globo News. Suas posições críticas, irônicas às vezes, seu desencanto, muitas vezes seu sarcasmo com o "politicamente correto", refletem a singularidade de suas posições. Ainda que de modo extremamente fino e articulado, mostrou que não hesitava em desagradar os poderosos de todas as partes, quando considerado necessário. Nos últimos vinte anos, de 1990 em diante, conseguiu estabelecer diálogo com diferentes correntes, possibilitando intercâmbios não marcados pela extrema ideologização ou pela lógica do pertencimento a uma ou a outra facção. Talvez um aprendizado de Franco Montoro, antes dele de Oscar Pedroso d'Horta, políticos paulistas com essa capacidade. Trata-se de posição ímpar num Brasil democrático, mas que subsistem herdeiros *declassés* do Clube da Lanterna ou nostálgicos de modelos de esquerda não adequados aos tempos modernos. Nesse sentido Dupas foi um exemplo. Democracia é respeitar a opinião do outro, considerar posições diferentes, dando-lhes legitimidade no debate. Argumentar e contra-argumentar, buscando entender sistemas lógicos distintos. Agir para promover o debate de ideias. Ele costumava dizer, com certo orgulho, que conseguia, milagrosamente, colocar na mesma mesa opostos ou quem se atribuía essa posição em relação a outro. Recolhendo conceitos clássicos sobre democracia, creio que Dupas deva ser considerado um democrata radical, em alguma medida um jacobino. Seu sentido de justiça era forte. No artigo "Massas populares e democracia", aqui publicado, conclui:

> Nossos Estados latino-americanos, no entanto, têm tido baixo desempenho naquelas quatro tarefas básicas, permitindo zonas extensas de anomia em que outros atores – crime organizado, máfias, terceiro setor contaminado por interesses privados – assumem

parte do seu papel e enfraquecem as condições para a proliferação dos valores e bens públicos. Para complicar ainda mais, a classe política dá contínuos pretextos para deslegitimar-se junto à sociedade. As massas continuarão a ocupar os espaços públicos cobrando promessas e exigindo soluções. E é a democracia quem vai ter que dar conta de garantir-lhes realizações, mais que ilusões. Não será fácil, mas não há caminho melhor.[2]

Deve-se acrescentar que Dupas tinha algo do homem culto da *Belle Époque*. Qual a especialidade do engenheiro? Economia e relações internacionais. Seus conhecimentos e erudição dirigiram-se a diferentes campos. Não podemos dizer que se tratava de um especialista num campo particular do saber. Sua sensibilidade para alguns temas centrais em sua obra, como economia internacional, exclusão social, globalização, devia-se à sua formação, à sua disciplina no estudo e no trabalho intelectual. A experiência pessoal e a trajetória profissional também tiveram grande peso. Ipea, bancos, indústria, governo, universidade, convivência acadêmica e de pesquisa, consultoria empresarial, foram todos momentos bem aproveitados que o levaram a uma percepção muito interessante do papel das cadeias produtivas e das formas como a economia passou a funcionar a partir dos anos 1980. Seu olhar o levou a análises realistas, no sentido da identificação do sentido das coisas. Justamente esse desvendamento da realidade é o que propiciou o interesse pela sua obra. Nos seus trabalhos, diria em todos, inclusive nos literários (*Retalhos de Jonas*, 1994; *O incidente*, 2008), há inconformidade com as injustiças. Mas sua denúncia não o levava a um tipo de análise normativa, ele concentrava-se nas realidades efetivamente existentes. Suas

---

2 Cf. p.106.

preocupações pelas cadeias produtivas, pela exclusão social, pela financeirização da economia mundial, pelo papel dos fluxos de capital, pelo trabalho informal, levavam em conta a realidade. A perspectiva crítica deriva da descrição dos fatos, do desvendamento dos mecanismos que os causam. Seu papel dirigente em empresas não impediu de visualizar os movimentos profundos, de entender o que está por trás da aparência e dos discursos. Ao contrário, utilizou-se desse papel para o trabalho analítico. Alguns marxistas, o próprio Marx, tinham grande respeito pelos que conhecem os mecanismos de funcionamento da economia e do capital "de dentro", pelo seu papel empresarial ou técnico especializado, quando utilizam esses conhecimentos para tornar públicas as formas de funcionamento da economia e do Estado.

Dupas mostra, particularmente em *Economia global e exclusão social* (1999), talvez seu livro mais importante, as adaptações do sistema capitalista e seu rastro inevitável, a exclusão social. Isso na medida em que é deixado ao sabor do mercado, em verdade ao sabor de alguns poucos centros que o controlam.

A economia global, apesar de toda a sua vitalidade, está agravando a exclusão social. O seu contínuo avanço não parece garantir que as sociedades futuras possam gerar – unicamente por mecanismos de mercado – postos de trabalhos, mesmo que flexíveis, compatíveis em qualidade e renda com as necessidades mínimas dos cidadãos.[3]

---

3 Gilberto Dupas, *Economia global e exclusão social.* São Paulo: Paz e Terra, 1999, p.208.

Trata-se, diz ele, da necessidade de acelerar a competitividade e a atualização incessante da tecnologia. Realisticamente, as grandes corporações transnacionais, responsáveis por boa parte do desenvolvimento tecnológico, têm como missão competir e crescer, expõe Dupas na obra. É isso que levaria à precarização do trabalho. *Economia global e exclusão social* reflete objetivamente o quadro existente do final dos anos 1990 e, certamente, espelha também sua experiência profissional. Nele, afirma que o espaço para a ação dos Estados, para políticas públicas, vê-se diminuído, gerando assim uma enorme capacidade das cadeias globais na determinação das tendências. Não restaria outra possibilidade de controle senão a recuperação da capacidade de indução dos Estados nacionais, de forma que estes retomem seu papel na formulação de políticas, o que seria possível, segundo ele, por um novo acordo entre governos e sociedade civil.[4] Claro que há nessa indicação uma perspectiva normativa, mas atenuada pelo reconhecimento da extrema dificuldade para evoluir nessa direção.

Sua visão dos problemas e seus diagnósticos mostraram uma significativa capacidade de construção de cenários que, hoje sabemos, se materializaram. Mais interessante do que mensurar a capacidade de previsão, uma vez que a história desenvolve-se por vias tortas, é tentar entender se Dupas captou aspectos essenciais da contemporaneidade que viveu. Ainda no livro *Economia global e exclusão social* estão inseridas questões que marcam a vida política e econômica da época. Uma refere-se a uma contradição essencial, que a crise iniciada em 2008 parece ter evidenciado: a contradição entre a democracia e a centralização das decisões econômicas em poucas mãos.

---

4 Ibid., p.115.

Desafios da sociedade contemporânea

O Estado nacional vem sendo chamado em toda parte – e especialmente nos países que possuem uma estrutura de *welfare* – a garantir a sobrevivência dos cidadãos que estão sendo expulsos em grande quantidade do mercado formal. Ocorre claramente o que se poderia chamar "efeito democracia": aumenta o número de desempregados e pobres, crescendo sua base política. Introduz-se, assim, clara dissonância entre o discurso liberalizante das elites e a sua *práxis* política.[5]

O que vem sucedendo já na segunda década dos anos 2000, e parece prolongar-se, comprova que essa linha de raciocínio tinha fundamento. O Estado foi levado, com algum êxito, à necessidade de remediar os efeitos perversos do fundamentalismo liberal e da desregulamentação. Parte das saídas visando a atenuação dos efeitos perversos estaria na "recuperação da capacidade de indução dos Estados nacionais".[6]

Seu colaborador, Adalton César Oliveira, chamou-me a atenção para o fato que a percepção de Dupas sobre o Estado era contraditória. Havia, como acabamos de ver, a expectativa de que caberia ao Estado retomar responsabilidades. Por outro lado, havia forte ceticismo a respeito dessa possibilidade. Em outro livro, de 2003, *Tensões contemporâneas entre o público e o privado*, insiste no papel do espaço público. Mas é também nessa obra que surge a ideia dos limites do Estado, capturado pelas forças dominantes. Para ele, esse processo nada tem a ver com espíritos diabólicos, é a forma que adquire a modernidade.

---

5 Ibid., p.119.
6 Ibid., p.201.

XXIII

O sistema político unificado foi substituído por uma miríade de poderes organizados dispersos e não relacionados, cada vez mais hierarquizados entre eles em razão do grau das relações de força que o novo sistema pode mobilizar. Com isso, o conteúdo da regulação das relações sociais e sua orientação estrutural escaparam ao Estado e à representação política na qual buscavam legitimidade; agora essa legitimidade flutua totalmente ao sabor de uma opinião submetida ao poder mediático, apontando para uma crise no liberalismo e para uma nova organização dos papéis sociais em que as grandes empresas e a sociedade civil entendem ter espaço fundamental.[7]

Por isso nos últimos anos remetia-se com insistência a Ulrich Beck, que também apresenta fortes ambiguidades. Como este, sabia que havia espaço para a globalização, defendia a necessidade de uma visão transnacional, mas assinalava riscos e limites. Beck aponta os riscos da desumanização. Dupas chamou com ênfase a atenção sobre esse aspecto, por isso preocupou-se com temas tão diferentes, como informação, meio ambiente, religião.

Realidade e utopia

Acrescentemos uma possível ideia com a qual trabalhar ao analisar a obra de Dupas, um utópico. Um utópico com os pés bem apoiados no chão, que analisava esquadrinhando a realidade tal qual existe. O tempo passado desde sua morte, cinco anos, é pouco, mas suas grandes preocupações, os

---

7 Ibid., *Tensões contemporâneas entre o público e o privado*. São Paulo: Paz e Terra, 2003, p.68.

Desafios da sociedade contemporânea

temas diferentes, neste espaço de tempo mantiveram e mesmo aumentaram sua importância. A tensão entre a realidade e a utopia está bem caracterizada. Em dois livros, *O mito do progresso* (2006) e *Meio ambiente e crescimento econômico* (2008), surge a crítica ao progresso, de modo contraditório, como quase sempre em suas análises.

No alvorecer do século XXI, o paradoxo está em toda parte. A capacidade de produzir mais e melhor não cessa de crescer e é assumida pelo discurso hegemônico como sinônimo do progresso trazido pela globalização. Mas esse *progresso*, discurso dominante das elites globais, traz também consigo exclusão, concentração de renda, subdesenvolvimento e graves danos ambientais, agredindo e restringindo direitos humanos essenciais.[8]

Aqui, evidencia-se já não um autor das *luzes*, fascinado pelo progresso, mas um ser do século XXI atormentado pelos problemas que podem colocar em risco a humanidade. Não se trata de combater o progresso, mas de dar-lhe características humanas. A relação do homem com a natureza; a aceitação da ideia dos limites dos recursos naturais; a compreensão de que é decisivo ter em conta a necessidade do uso racional dos recursos e da adequação da ciência e da tecnologia, são temas que se inserem no centro de sua reflexão em seus últimos anos de vida. Na segunda parte deste livro, "O amanhã", alguns capítulos são especialmente dedicados a esse tema. Para Dupas, é preciso libertar-se do mito do progresso, sob pena de graves riscos quanto à nossa própria sobrevivência.

---

8 Gilberto Dupas, *O mito do progresso*. São Paulo: Editora Unesp, 2006, p.14.

Gilberto Dupas

É no livro *Tensões contemporâneas entre o publico e o privado* que se torna mais clara sua ideia de democracia. Certamente está embebido da tradição liberal que, desde Locke, valoriza a ideia de tolerância. Mas parece avançar mais, a tolerância é um passo no caminho da democracia e da igualdade, mas não é tudo. "A tolerância, pois, pressupõe a não aceitação de uma diferença cognitiva entre convicções e atitudes que perdura de maneira racional."[9] Para Dupas, na coletividade política deve-se ter o pressuposto de que todos são iguais e do mesmo valor. Ele sabe bem que há ocasiões em que a vontade da maioria resulta da capacidade hegemônica. Por isso se trata, a todo momento, de buscar o equilíbrio entre indivíduo e coletividade. "Democracia, portanto, é a combinação da afirmação de uma liberdade individual com o direito de identificar-se com uma coletividade social, nacional e religiosa particular, sem degenerar em comunitarismo agressivo."[10] Mas não apenas isso, democracia implica a revalorização do espaço público e a volta ao debate político. A disputa política no início do século XXI trava-se, principalmente, mas não exclusivamente, entre incluídos e excluídos. Para Dupas, a questão importante a ser considerada é a necessidade de dar sentido à vida. Ele atribui os problemas que preocupam o mundo atual à falta de capacidade de, a exemplo do que ocorreu nas *luzes* ou no século XIX, afirmar a condição humana na tensão entre a transitoriedade da vida e a aspiração de eternidade. Em outras palavras, falta um projeto, quando se torna visível que os objetivos que alguns diziam que prevaleceriam ao final do século XX surgem em frangalhos. A idealização do fim da Guerra Fria, que levaria

---

9 Ibid., *Tensões contemporâneas entre o publico e o privado*, op. cit., p.84.
10 Ibid., p.89.

Desafios da sociedade contemporânea

à transformação de espadas em arados, mostra-se fracassada. Sua crítica à crença no fundamentalismo de mercado é implacável, mesmo reconhecendo sua grande força. Ele interpreta movimentos de protestos, formas aparentemente desconexas de ação, como possíveis partes de um *puzzle* que tenderia à reconstituição do objetivo de dar sentido à vida das pessoas, dos grupos, das nações.

Se os estudos de Dupas sobre as formas que foi tomando a economia internacional a partir dos anos 1980 constituem a parte mais elaborada de sua obra, sua influência no debate brasileiro de relações internacionais se fez sentir decididamente. Sua intervenção em ocasião do lançamento do livro *A nova configuração mundial do poder* (2009), publicada na revista *Política Externa*, uma de suas últimas presenças públicas, comentando a crise financeira iniciada em setembro de 2008, não prevê o fim da hegemonia norte-americana; ela continuaria, mas seriam necessários "consensos multipolares que aliviem as tensões mundiais e gerem condições de governabilidade sistêmica".[11] Também nesse caso, a mesma metodologia: "Gostemos ou não", ele procura identificar as realidades, as relações de poder existentes, sem esconder as próprias posições.

É interessante verificar a posição de Dupas no tocante à configuração da política internacional, numa época em que no Brasil parece haver polarização de posições, inclusive no tocante às relações com os Estados Unidos. Para ele não se trata de alimentar o antiamericanismo. Ele é claro nesse sentido. Trata-se da arguição dos riscos em que se incorre a precisão do diagnóstico. Tem a ver com uma interpretação

---

11 Ibid., *Política Externa*, São Paulo, Paz e Terra, v.17, n.4, mar.-maio 2009, p.136.

que encontra suas raízes em parte da tradição da política exterior do Brasil. Analisando a política do governo George W. Bush, Dupas afirma que

> define um estilo de exercício hegemônico fronteiriço à coerção [...]. Compartilho das reflexões de John Ikenberry que atribui a essa estratégia perigos e grandes riscos de insucesso, podendo deixar os Estados Unidos em meio a um mundo ainda mais hostil e dividido.[12]

O entendimento de que não há nenhuma tomada de posição de tipo amigo-inimigo a encontramos na conclusão do mesmo livro. Dupas, sem dúvida, acredita que o poder americano está longe de declinar irreparavelmente. De certo modo, é o mesmo raciocínio que desenvolveu sobre o capitalismo: não está morrendo. Para ele, o mundo tem necessidade dos Estados Unidos. Trata-se de uma realidade.

> O mundo global não pode prescindir das virtudes hegemônicas de sua maior potência, até porque tão cedo não haverá candidato à vista que possa substituí-la [...]. Se os Estados Unidos não assumirem o papel condizente com seu próprio poder, o que inclui antes de tudo a tolerância com as diferenças, teremos grandes probabilidades de um século marcado pelas dores de um forte retrocesso.[13]

Para Dupas, a ideia de intolerância tem diferentes significados. Tem a ver com o medo e com a incerteza no mundo

---

12 Ibid., *Tensões contemporâneas entre o público e o privado*, op. cit., p.107-108.
13 Ibid., p.133.

contemporâneo. Para o pensamento liberal, sabemos, a tolerância é um valor fundamental. Locke debruçou-se sobre isso. Em Dupas, a questão é mais complexa. Trata-se de uma virtude política componente da cultura liberal, ideia que recolhe de Habermas. Ao mesmo tempo, a tolerância seria um estado intermediário. Assim avança mais, como outros autores que também discutiram essa ideia. Portanto, a tolerância tem a ver exatamente com a dificuldade no estabelecimento da cooperação duradoura. Desse modo, a ideia de intolerância relaciona-se com a de irreconciabilidade. Quando há situações em que não são possíveis as reconciliações, a tolerância intervém para permitir a convivência, níveis aceitáveis de relações. Por isso fala em tolerância ao analisar a falta dela na política norte-americana. Dupas afirma: "A recusa a aceitar crenças diferentes é que torna necessária a tolerância [...]. A tolerância, pois, pressupõe a não aceitação de uma diferença cognitiva entre convicções e atitudes que perdura de maneira racional".[14] Por isso, como está na filosofia política dos séculos XVII e XVIII, a ideia está ligada a conflitos religiosos, e Dupas a utiliza para discutir o fundamentalismo e os que alegam estarem em luta contra ele. No fundo, para ele, o fundamentalismo, assim como ressurgimento do conceito de tolerância, são todas questões ligadas ao fim das utopias, ao fim das ideias que articularam a vida social nos séculos XIX e XX. Ideias tão importantes como as de comunidade nacional, comunidade religiosa, grupo social. Muitos dos movimentos contemporâneos têm a ver com a necessidade de dar sentido à vida, provavelmente à necessidade da busca do equilíbrio de democracia com novas possibilidades de identificação. Por isso compreende e discute as razões das convicções

---

14 Ibid., p.84.

autossuficientes e aparentemente definitivas, os protestos anti-globalização, enfim, tudo que é aparentemente antissistêmico. Para ele são manifestações na busca de novas identificações.

Dicotomias do futuro

Essas parecem serem as linhas mestras do pensamento de Dupas. Um crítico acérrimo do capitalismo, mas acreditando que é o modo prevalecente de organização do sistema produtivo na modernidade. Para ele, o futuro do capitalismo global depende de radical revisão de seus conceitos. A economia tem ao mesmo tempo grande vitalidade e grande propensão a fomentar o crescimento da exclusão. As grandes corporações são as responsáveis pelo desenvolvimento tecnológico e, ao direcioná-lo, aumentam os bolsões de pobreza que, dialeticamente, são incorporados ao mercado global, visando a diminuição de custos, o que é inerente ao capitalismo. Assim, há fortes contradições, em alguns casos permitindo aos países pobres a incorporação ao circuito global de mercadorias e serviços; em outros, a permanência na situação de pobreza. Como dissemos, Dupas acredita no papel do Estado. Por isso é mordaz com os defensores do Estado mínimo e com aqueles que acreditam no seu desaparecimento. Em seu *Ética e poder na Sociedade da Informação*, de 2001, essa ideia é transparente, mas se repete no conjunto de sua obra. "O Estado, se autêntico representante da sociedade civil, deveria ter a função de garantir essas condições que permitam fazer prevalecer a justiça sobre o valor econômico."[15]

---

15 Ibid., *Ética e poder na Sociedade da Informação*. São Paulo: Editora Unesp, 2001, p.134.

Desafios da sociedade contemporânea

Um dos pontos mais importantes de sua obra é sua sinalização da contradição em que incorre o Estado. Por um lado, expressa os interesses das categorias dominantes da economia global, mas, por outro, é *locus* de grande contradição, onde nele podem exercer a sua influência os milhões de excluídos. Para isso, porém, devem estar organizados. A mesma ideia se repete no livro de 2005, *Atores e poderes na nova ordem global.* Os Estados apresentam caráter paradoxal, são indispensáveis ao passo em que se fala em reduzi-los. Os acontecimentos posteriores à crise de setembro de 2008, presenciados em seu início por ele, confirmariam plenamente essa equação. Conclusão plenamente válida até hoje, 2014.

Gilberto Dupas, como dissemos, destacou-se por sua presença no debate brasileiro de questões internacionais. Com esse perfil foi interlocutor importante de destacadas universidades e *think thanks* latino-americanos, europeus, norte-americanos. De universidades argentinas, mexicanas, das Fundações Konrad Adenauer, Friedrich Ebert, Ford, do Instituto de Estudos Estratégicos e Internacionais de Lisboa. Foi um crítico dos processos de integração latino-americanos, em particular do Mercosul. Não desconheceu seu significado, mas insistiu em sinalizar seus limites com origem na instabilidade macroeconômica. Para ele a única forma de superar as dificuldades que acabam por desestabilizar a integração seria compreender o mundo transnacional e promover complementaridades que o tenham em conta. Em verdade, não tinha confiança na capacidade dos governos e das elites da região de se mobilizarem nessa perspectiva, como mostra em *América Latina no início do século XXI* (2005).

Característico de Gilberto Dupas é um ser humano culto, com reflexão e opiniões fortes sobre diferentes temas, muitos dos quais não abordamos nesse breve comentário sobre sua

XXXI

obra e sua vida, sobretudo sobre sua força moral. Apenas fizemos referência a suas incursões pela literatura. No capítulo "Dinheiro", de seu *Incidente* (2008), conto com evidentes sinais autobiográficos, se afirma homem de esquerda. Não é simples uma definição precisa a esse respeito. Ele foi uma pessoa extremamente democrática e generosa, carismática, tendo grande poder de convocação. Um publicista e um tribuno. Exercitou a democracia, foi muito além da tolerância, dialogou efetivamente com a diversidade, que a tinha como parte natural da vida. São qualidades que estiveram e estão em falta no Brasil e no mundo dos séculos XX e XXI. Essas qualidades precisam ser registradas. Trata-se de uma lembrança dele. Lembrança que ensina.

Este livro, *Desafios da sociedade contemporânea*, complementa com força a sua obra. Permite ao leitor interessado conhecer traços essenciais de sua vida, de seu pensamento, de sua ação. Os traços correspondentes a seu papel de homem público. Dirigia-se à opinião ampla, sabendo que as ideias são fundamentais, mas não suficientes. As ideias precisam enraizar-se no coração e nas mentes. A publicação da Editora Unesp tem, assim, um objetivo: sedimentar a obra de Gilberto Dupas, mostrar como seus argumentos dirigiam-se a uma opinião pública ampla, sabedor que ele era do papel das ideias e da necessidade de serem compreendidas.

O ONTEM, O HOJE

1
Amarras e furacões[1]

Sabemos, de viver e reparar, que glória e poder são miragens. Buracos vazios do *eu*. Do outro lado fica a mancha negra da solidão. Apesar disso, parte de nossa pequena luta cotidiana é tentar, com gula, caçar a glória e o poder ocultos no espaço inatingível. A vitória do nosso argumento em discussão boba com amigos, o olhar reconhecido de alguém a quem fez um pequeno favor e o elogio de um leitor ocasional são doses homeopáticas a alimentar uma lasca de vaidade, a provocar a sensação de se sentir necessário. O balão da glória e do poder oscila um pouquinho, brilha levemente ao sol. Mas por enquanto continua firme, bem amarrado ao chão. Há riscos um pouco mais sérios. Uma ajuda importante que só a gente pode dar. Ou um subordinado pego em falta grave. Pronto! O poder de conceder e julgar. Velhas brasas são atiçadas, uma certa volúpia estimula a mente e preparamo-nos com incontido prazer para um de nossos papéis preferidos. O

---

1 *Jornal da Tarde*, 1/7/1997.

balão se agita nas correntes térmicas, infla, estica as amarras. Mas ainda estamos tranquilos. Já aprendemos a lidar com essas pequenas labaredas. Um pouquinho de ética, uma dose de moralismo banal e algum senso de justiça garantem a qualidade das âncoras.

Pode-se resistir, altaneiro, a esses ventos mais fortes. Mas não se consegue disfarçar um frêmito, quase um júbilo, por se ter o privilégio de enfrentar o tempo ruim. A excitação fica por conta do maravilhoso poder de dizer *não*. Ou de contabilizar a ajuda concedida como uma estranha espécie de crédito, que fica mais valorizado na medida em que não se dê ao devedor a menor oportunidade de resgate. É um imenso prazer sentir que nos devem algo.

Muito mais perigoso se torna quando se nos estendem as *passarelas vermelhas*. O vento forte açoita as chamas, o balão estufa, retesa as emendas, luta para se soltar. As cordas rangem, os ferros dobram. Sabemos que nada pode nos deixar mais convencidos de nossa divindade que o som das trombetas e os hinos de saudação. É preciso ficar lembrando sem parar que a fanfarra se dirige apenas ao símbolo. Que as palmas aplaudem o mito, não o mérito. Há sempre alguém a insistir em carregar nossa valise, pronto para o elogio desbragado ou insistindo em enfiar uma coroa em nossa cabeça. E como isso seduz! Difícil resistir à tempestade. Sempre se pode lançar uma operação de emergência. Reforçar os cabos rapidamente. Usar a consciência do fugaz e a têmpera da circunstância. Intuir que a única forma de evitar o abismo é resistir a todo custo ao assustador prazer da ilusão e da tirania. Com muito esforço, faz-se prevalecer o bom senso.

Mas há situações críticas que põem à prova toda a nossa perícia. O incêndio, então, torna-se abrasador, os ventos transformam-se em furacão. Um mínimo erro pode ser fatal.

Desafios da sociedade contemporânea

Por exemplo, o homem diante do pequeno filho indefeso. Agora, o poder é absoluto e insano. Página branca. Sim, não. Feio, bonito. Certo, errado. Marcas indeléveis. Afeto, fúria. Sorriso, grito. Compreensão, intolerância. Construindo e destruindo. Vida e morte. A cada momento, uma escolha solitária e onipotente. O enorme risco de mergulhar num redemoinho sem fim. Em alguns segundos o balão sacode enlouquecido, as amarras se rompem, tudo rodopia no imenso turbilhão. Quando os ventos se acalmam, sobram pouco mais que destroços. Resta o amargo consolo do *fiz o melhor que pude*. As marcas, porém, estarão lá. Impressas para sempre no barro virgem.

Muitos se arrebentam. Outros se aleijam irremediavelmente. Ou decidem não mais voar. Mas há os que, calejados pelas tormentas, sobrevivem. Perscrutam, avaliam, assuntam. Percebem os sintomas, contornam os ventos mais fortes e evitam as tempestades. Quem os olha hoje, sobre um fundo de céu azul, reconhece certo encanto. Apesar dos remendos, o estado geral reflete mais experiência que velhice. Parecem sólidos. Suas cores discretas, pastéis, ligeiramente descoradas pelo tempo, brilham com suavidade. Os cabos das amarras, reforçados aqui e ali, transmitem a confiança de quem conhece seus limites.

Mas mesmo esses verdadeiros vencedores ainda temem um certo espasmo que agita suas almas quando os ventos do poder e da glória cruzam o ar.

2
Lógica da globalização, tensões e governabilidade na sociedade contemporânea[1]

Após quase duas décadas de implantação de profundas reformas associadas à abertura e à integração de suas economias ao mercado global, uma parte expressiva das nações – em especial os grandes países da periferia do capitalismo – têm apresentado medíocre desempenho do PIB *per capita* e piora de sua concentração de renda. Os indícios de aumento da exclusão social estão por toda a parte. Esse quadro, recentemente agravado pelas sucessivas crises internacionais nos finais de 1997 e 1998 e pelo crescimento do desemprego e da informalidade, começa a provocar sintomas de erosão de legitimidade das representações políticas que sustentaram esses programas de reformas. Aumenta a dissonância entre o discurso oficial da necessidade do aprofundamento dos ajustes e a dúvida das populações desses países sobre se, ao final de outros sacrifícios adicionais, poderá surgir de fato

---

1 *Jornal da Tarde*, 11/1999. Este texto é baseado em conferência que o autor proferiu na Mesa Redonda da Unesco "Democratic Principles and Governance in the 21st Century" [Princípios democráticos e governança no século XXI] realizada em Paris, em 8/11/1999.

um processo de crescimento acelerado e autossustentado que melhore sua renda e a empregabilidade. A análise das eventuais alternativas de enfrentamento dessa questão crítica recomenda a retomada de alguns conceitos inerentes ao atual modelo econômico mundial e a investigação da natureza dos seus impactos psicossociais.

O capitalismo global e suas dialéticas

A partir do final da década dos 1970, foram intensas as modificações socioeconômicas relacionadas ao processo de internacionalização da economia mundial. Desde já, é preciso enfatizar que esse processo não é novo. Mas ganhou características inusitadas e um assombroso impulso com o enorme salto qualitativo ocorrido nas tecnologias da informação. Essas mudanças permitiram a reformulação das estratégias de produção e distribuição das empresas e a formação de grandes *networks*. A forma de organização da atividade produtiva foi radicalmente alterada para além da busca apenas de mercados globais; ela própria passou a ser global.

A revolução tecnológica atingiu igualmente o mercado financeiro mundial, cada mercado passando a funcionar em linha com todos os outros, em tempo real. Isso permitiu a mobilidade de capital requerida pelo movimento de globalização da produção. Essas modificações radicais atingiram o modo de vida de boa parte dos cidadãos, alterando seu comportamento, seus empregos, suas atividades rotineiras de trabalho e seu relacionamento com os atores econômicos produtores de bens e serviços.

O capitalismo atual convive com duas dialéticas centrais: concentração *versus* fragmentação e exclusão *versus* inclusão.

Desafios da sociedade contemporânea

De um lado, a enorme escala de investimentos necessários à liderança tecnológica de produtos e processos e a necessidade de *networks* e mídias globais continuarão forçando um processo de concentração que habilitará como líderes das principais cadeias de produção apenas um conjunto restrito de algumas centenas de empresas gigantes mundiais. Essas corporações decidirão basicamente *o que, como, quando, quanto e onde* produzir os bens e os serviços (marcas e redes globais) utilizados pela sociedade contemporânea. Ao mesmo tempo, elas estarão competindo por redução de preços e aumento da qualidade, em um jogo feroz por *market share* e acumulação. Enquanto essa disputa continuar gerando lucros e expansão, parte da atual dinâmica do capitalismo estará preservada.

Simultaneamente, esse processo radical em busca de eficiência e conquista de mercados força a criação de uma onda de *fragmentação* – terceirizações, franquias e informalização –, abrindo espaço para uma grande quantidade de empresas menores que alimentam a cadeia produtiva central com custos mais baixos. Tanto na sua tendência de concentrar como na de fragmentar, a competição opera como o motor seletivo desse processo.

A outra contradição que alimenta o capitalismo contemporâneo é a dialética exclusão *versus* inclusão. Apesar do desemprego estrutural crescente (incapacidade progressiva de geração de empregos formais em quantidade ou qualidade adequadas), o capitalismo atual tem garantido sua dinâmica também porque a queda do preço dos produtos globais incorpora continuamente mercados (inclusão) que estavam à margem do consumo por falta de renda. Não é à toa que alguns dos maiores crescimentos de várias empresas globais de bens de consumo têm sido registrados nos países periféricos da Ásia e da América Latina, onde se concentra grande parte do mercado dos mais pobres.

Nesse ambiente, os principais atores que regem a economia global – as grandes corporações – tomam suas decisões visando maximizar sua condição de competição (binômio preço-qualidade) e buscando a maior taxa de retorno sobre os recursos de seus investidores. Isso não significa, porém, que o espaço das pequenas e médias empresas irá desaparecer. Durante toda a Revolução Industrial, elas foram vitais ao desenvolvimento do capitalismo e à geração do emprego. Atualmente, assumem um novo papel, associando-se às grandes corporações graças à possibilidade de controle descentralizado da informação e de sua integração em um sistema flexível vinculado a estratégias globais conduzidas por empresas maiores. Elas manterão ainda um espaço importante, especialmente por terceirizações, franquias e subcontratações, porém ficarão basicamente subordinadas às decisões estratégicas das empresas transnacionais – e integradas a suas cadeias produtivas.

A já mencionada dialética exclusão *versus* inclusão afeta indivíduos, mas também territórios. Os espaços que não são funcionais à nova lógica sistêmica não conseguem se inserir na economia mundial. Dentro das cidades, isso se expressa na dualização acelerada de suas configurações sociais, levando a uma verdadeira separação de seus processos urbanos.

A mudança de paradigma no mercado de trabalho

No passado a articulação de fordismo, consumo de massa e keynesianismo, expressando uma determinada correlação de forças entre as diversas categorias sociais, permitira à classe operária a conquista de algumas de suas reivindicações históricas no período do pós-guerra. O modelo de acumulação capitalista desse período, com base na organização taylorista do trabalho, demandava mão de obra intensiva que, somada a uma grande mobilização e organização dos trabalhadores, permitia condições muito favoráveis de negociação para os sindicatos. Como consequência das novas estruturas de acumulação expandidas multinacionalmente, ocorreu um crescimento maciço do poder social do operariado. Isso ficou claramente evidenciado no final dos anos 1960 e começo dos 1970 por uma onda de mobilização social que atingiu quase todos os países, quando as bases para a atual lógica global começaram a se assentar.

O fortalecimento da capacidade de negociação do operariado como classe começou a ter efeitos que transcenderam as fronteiras nacionais. A transferência dos processos produtivos para os países periféricos de fato não reduziu o poder social dos trabalhadores dos países centrais, somente ampliou o seu eixo. Porém, nos anos 1970, com a incorporação maciça de tecnologias aos processos produtivos, operou-se uma mudança de base na correlação de forças entre as classes sociais. No início da década dos 1980, o conflito entre capital e trabalho passou a apresentar uma nova situação estrutural, da qual destaco alguns fatores determinantes:

- A emergência de um novo padrão de acumulação pelo uso de capital intensivo em substituição ao trabalho intensivo. Quando o modelo de acumulação se baseava no uso de mão de obra intensiva, a situação era mais favorável aos trabalhadores. Agora, os sindicatos perdem sua força central e o desemprego estrutural passa a funcionar como disciplinador nato da força de trabalho.

Com a marcha da automação e, posteriormente, da fragmentação – o poder de barganha dos assalariados passou a sofrer grande erosão.

- A flexibilidade conseguida pelo atual modelo racionaliza o uso do capital, colocando-o onde as melhores condições do mercado apontam. É cada vez menor a simetria entre a flexibilidade das condições de produção e as exigências de sobrevivência dos trabalhadores. Pode-se produzir mais ou menos, aqui ou ali, pois a programação da produção por meio da informática e a transmissão de dados em tempo real o permitem. Mas o trabalhador vive a instabilidade de poder estar ora dentro, ora fora do mercado de trabalho.

- A rearticulação das empresas levou a uma inadequação das estruturas trabalhistas e forçou uma tentativa malsucedida de rearticulação dos sindicatos. As novas limitações são imensas, a começar pela coexistência em uma mesma fábrica de trabalhadores da empresa central e das terceirizadas, frequentemente com salários e condições de trabalho diferentes, quebrando – por exemplo – a isonomia de sua situação de classe do período anterior. Na prática, as empresas têm tido condições de se reordenar com maior flexibilidade e rapidez diante das exigências dos novos padrões de acumulação.

As novas formas de organização do trabalho, mais flexíveis e menos hierarquizadas, colocam, assim, um desafio importante para os sindicatos: como aglutinar em projetos político-sindicais comuns trabalhadores cada vez mais dispersos e em situação progressivamente precária? Apresentam-se dificuldades crescentes em gerenciar acordos coletivos e encontrar uma linguagem comum para interesses divergentes, especialmente em relação aos trabalhadores em postos flexíveis, que percebem os sindicatos como um clube de privilegiados preocupados em manter esses privilégios.

Por outro lado, a globalização e a inovação tecnológica reduzem a capacidade de manobra dos Estados e dos sindicatos. A mobilidade do capital e a possibilidade de deslocar segmentos da cadeia produtiva para outras regiões desestabilizam a estrutura de salários, deslocando a concorrência para fora da esfera nacional. Como consequência de todos esses fatores, a disparidade de renda está crescendo; e a pobreza, o desemprego e o subemprego estão engrossando a exclusão social.

As três grandes reformas e suas consequências

A aceleração da integração das economias ao mercado global efetivou-se suportada por três importantes reformas que afetaram a lógica econômica deste final de século: o livre fluxo de capitais, a meta da estabilidade monetária e a rigidez dos orçamentos públicos equilibrados. Seus efeitos têm sido complexos.

A livre movimentação dos capitais mundiais transformou cada economia em foco alternativo de oportunidade de risco ou especulação financeira. Um capital desvinculado de compromissos nacionais e estritamente ligado a suas motivações endógenas, de um lado, sustenta os processos estratégicos de investimento dos líderes das cadeias globais, de outro, provoca graves danos às economias mais frágeis que desse capital passaram a depender, quando exerce sua absoluta volatilidade em momentos de crise.

Quanto à estabilidade monetária, conseguida a duras penas a partir de heroicos esforços de economias que haviam chegado ao descontrole inflacionário quase total, ela acabou se incorporando aos ideários nacionais como um importante valor social. A volta a regimes inflacionários não parece conscientemente desejada por nenhum segmento da sociedade. Por outro lado, o fim da inflação endêmica criou problemas sérios para os orçamentos públicos, diminuindo a flexibilidade dos seus ajustes e causando maiores resistências na viabilização de reformas profundas na previdência social, área crítica para a estabilização destes mesmos orçamentos. Os ajustes previdenciários, durante décadas providenciados por uma inflação que corroía o valor real dos benefícios, agora têm que ser feitos transparentemente, a frio, mediante a supressão formal de direitos adquiridos.

Finalmente, o rigor do cumprimento de metas de orçamentos públicos equilibrados, necessárias não só para a manutenção da estabilidade monetária, mas também devido a acordos e compromissos com o FMI, acarreta uma redução significativa dos recursos alocados a programas sociais e de emergência, justamente no momento em que a exclusão social aumenta e a demanda por esses programas se accentua.

A retomada da legitimidade na intermediação política

Em função da complexidade de um quadro econômico mundial que agrava o desemprego, a informalidade e a exclusão, Jürgen Habermas constata:

Desafios da sociedade contemporânea

Os Estados nacionais têm manifestado progressiva incapacidade de dar provas, com efeito legitimador, de ações de comando e de organização: desaparece a integridade funcional da economia nacional, quer dizer, a confiável presença nacional daqueles fatores complementares – sobretudo capital e organização – de que depende a oferta de trabalho originada por uma sociedade, a fim de capacitar-se à produção. Um capital isento do dever de presença nacional vagabundeia à solta e utiliza suas opções de retirada como uma ameaça. Os governos nacionais perdem, assim, a capacidade de esgotar os recursos tributários da economia interna, de estimular o crescimento e, com isso, assegurar bases fundamentais de sua legitimação.

A questão é extremamente complexa. É preciso perguntar, como fez Alain Touraine em *Iguais e diferentes, podemos viver juntos?*, qual o espaço atual para a liberdade, a solidariedade e a igualdade quando o lugar central – o do príncipe – está vazio; e a sala do trono é varrida por correntes globais de ar, bandos de espectadores e *paparazzi*. As instituições, das quais se esperava que instaurassem a ordem, tornam-se amiúde agentes da desordem, da ineficácia e da injustiça. Seu lugar está sendo ocupado pelas estratégias das grandes organizações financeiras, industriais e comerciais. Touraine lembra que a ordem política não funda mais a ordem social. A crise de representatividade e de confiança se acentuou na medida em que os partidos tornaram-se empresas políticas que mobilizam recursos legais e ilegais para produzir eleitos que podem ser "comprados" pelos eleitores que os considerem defensores de seus interesses particulares, não dos da sociedade como um todo. Este vazio político inquietante tampouco é preenchido pelos apelos das organizações humanitárias que substituíram os filantropos nas ruínas das políticas de integração social.

Gilberto Dupas

Em vista dos desabrigados, que se multiplicam em silêncio sob nossos olhos, vem à memória a frase de Anatole France: "Não é suficiente que todos tenham o mesmo direito de dormir sob as pontes". A questão primordial atual é saber se, para além dos Estados nacionais, num plano supranacional e global, o poder destrutivo ecológico, social e cultural do capitalismo planetário pode ser novamente posto sob controle. Já sabemos que o Estado isolado não é mais suficientemente capaz de defender seus cidadãos contra efeitos externos decididos por outros atores. É o que constatamos nos ônus ambientais, no crime organizado, no tráfico de armas, nos riscos da alta tecnologia (como a recente polêmica dos alimentos transgênicos) e as consequências de políticas autônomas de Estados nacionais sobre seus vizinhos (por exemplo, a questão dos reatores atômicos em regiões fronteiriças).

Respostas políticas aos efeitos da globalização

São confusas e retóricas as respostas políticas disponíveis para lidar com os fortes efeitos negativos da globalização. A ortodoxia neoliberal insiste em recomendar a subordinação incondicional do Estado ao imperativo de uma integração social planetária por meio do mercado. O Estado continuaria a abandonar seus cidadãos à liberdade negativa de uma competição mundial e limitar-se-ia a pôr à disposição infraestruturas que fomentem as atividades empresariais. Mesmo imaginando que essa economia mundial absolutamente liberalizada – com mobilidade irrestrita de fatores produtivos – conseguisse um dia o prometido equilíbrio global e uma divisão simétrica de trabalho, no período de transição poder-se-á assistir a um aumento drástico da desigualdade social e da fragmentação

Desafios da sociedade contemporânea

da sociedade, além de corrupção dos critérios morais e culturais. Ainda que supondo viável essa visão ultraotimista, quanto tempo seria necessário para atravessar o "vale de lágrimas" e quantas vítimas – indivíduos e regimes políticos – ficariam pelo caminho durante a "destruição criadora"? E qual seria o espaço para a democracia, especialmente nos grandes países da periferia, com o "poder crescente de compra da cédula eleitoral"?

Por outro lado, o furor protecionista e a xenofobia já não encontram mais espaço no mundo dominado pela tecnologia da informação. O Estado nacional é incapaz de recuperar sua antiga força mediante uma política de enclausuramento.

Surge, então, a formulação de Anthony Giddens sobre uma Terceira Via. Em sua variante defensiva, prega que o Estado deve dotar as pessoas com qualidades empreendedoras típicas de quem saiba cuidar de si próprio. Seria o princípio da "ajuda para a autoajuda", de tal modo a estimular a afirmação competente do indivíduo no mercado de trabalho, para não ter ele, como fracassado, de lançar mão da assistência do Estado. Mal disfarçado por um tom evangélico de otimismo triunfante, na verdade esse discurso oculta a definitiva desistência do objetivo político do pleno emprego e do *welfare state*; o que torna inevitável rebaixar o padrão público da justiça distributiva ou divisar alternativas.

Na sua variante ofensiva, a Terceira Via prega a ideia das unidades políticas maiores e regimes transnacionais que, sem necessariamente romper a cadeia de legitimação democrática, possam compensar a perda de funções do Estado nacional. A União Europeia é o exemplo evidente deste projeto. Porém, a política só será capaz de "ter precedência" sobre os mercados globalizados quando lograr produzir, a longo prazo, uma sólida infraestrutura que não seja desvinculada dos processos de legitimação. Na realidade, a solidariedade cívica, hoje restrita ao Estado nacional, teria de se estender de tal forma que, por exemplo, portugueses e suecos se dispusessem a amparar uns aos outros.

Resta saber se o grupo cada vez menor de atores influentes no cenário político mundial pode e tem interesse em construir, no quadro de uma organização mundial reformada, uma rede em direção a um governo mundial. O objetivo seria, sob o signo da harmonização – e não da homogeneização –, superar passo a passo a cisão e a estratificação sociais da sociedade mundial sem danificar suas peculiaridades culturais.

Desamparo, violência, solidariedade e governabilidade

O Estado contemporâneo não se sente mais responsável pelo pleno emprego. As corporações transnacionais, que definem os vetores tecnológicos que parametrizam a empregabilidade, também não. Cada um que encontre sua oportunidade, corra o seu risco, seja um *responsable risk taker*. Quem está na periferia do capitalismo mundial, que encontre seu lugar no informal, que invente seu emprego.

Está-se em busca, de certa forma, do resgate da ética protestante do trabalho de Max Weber para aplicá-la em sociedades que, ao contrário dos EUA do começo do século, não geram oportunidades de emprego.

Vale lembrar que a concepção cristã do trabalho era um ato de expiação do pecado original. Por um breve momento da história, Calvino o redimiu. Com o declínio da crença religiosa, que Marx saudou, o trabalho mais uma vez tornou-se penoso. A imagem do trabalhador chapliniano de *Tempos modernos* passa a representar o pesadelo da modernidade.

Desafios da sociedade contemporânea

No entanto, o desemprego e a exclusão da sociedade global acabam de resgatar o posto de trabalho formal fordista como altamente desejável e o transformam em quase um sonho distante de segurança e estabilidade. Agora sem a proteção do Estado, o homem volta a sentir-se com toda força sua dimensão de desamparo. Freud nos havia lançado num mundo sem Deus, renegando o discurso iluminista de uma ciência que garantiria o bem-estar para todos e afirmando não haver fórmula universal para a felicidade. O discurso freudiano colocou a figura do desamparo no fundamento do sujeito, que assume sua feição trágica, marcado pela finitude, pelo imprevisível e pela total incerteza. É o que Marx e Engels no *Manifesto comunista* já tinham dito: "Tudo que é sólido desmancha no ar".

Mesmo na visão superotimista dos liberais convencidos das virtudes radicais do mercado, ainda que a longo prazo a acumulação pudesse permitir dar trabalho a 50% e lazer a 50% – ou redução de jornada para todos com o trabalho flexível impondo-se como regra –, ainda assim a "dor de passagem" (no sentido piagetiano) seria intensa.

Os grandes países da periferia do capitalismo estão acuados com o atual nível de violência de suas sociedades. A principal causa parece estar nas tensões geradas pela crescente concentração de renda e exclusão social de grandes contingentes populacionais urbanos, convivendo com uma mídia global que valoriza o comportamento antissocial e estimula padrões de consumo que poucos podem ter. Os Estados nacionais e os partidos políticos passam a perder legitimidade e capacidade de mediação dessas tensões utilizando os controles tradicionais. É o que ocorre atualmente no Brasil na questão dos sem-terra e na descontrolada criminalidade urbana, especialmente entre os jovens.

É interessante fazer-se um paralelo entre o comportamento dos adolescentes infratores das grandes metrópoles periféricas e, por exemplo, os jovens pistoleiros das guerrilhas curdas de 1993 ou dos recentes conflitos civis na Bósnia. Para todos eles, portar uma arma significa um rito de passagem para a adolescência: o menino, com uma arma na mão, passa a se comportar como homem. No entanto, Eric Hobsbawm lembra, em *Sobre a História*, que a maioria dos europeus a partir de 1945 – inclusive nos Bálcãs – viveu em sociedades em que os Estados desfrutavam de um monopólio da violência legítima. Quando eles se esfacelaram, o mesmo aconteceu com esse monopólio. Para alguns jovens, o caos resultante desse colapso propicia – lá e aqui – a oportunidade de entrar num paraíso de violência fortemente erotizada, onde tudo lhe é permitido pelo uso da força. Para esses grupos perigosos, constituídos por jovens desesperançados e sem perspectivas – desenraizados entre a puberdade e o casamento –, não existem mais limites para seu comportamento. A violência passa a ser a regra de conduta. Em tese o conflito social atual – pressão dos excluídos (desempregados, pobres, crianças de rua, jovens carentes ou infratores) sobre os incluídos – pode ser controlado mediante certas válvulas de segurança, como tantos outros conflitos plebeus urbanos em cidades pré-industriais o foram. Mas, para tanto, é preciso institucionalizar "rituais de rebelião" através dos quais o Estado controla esses conflitos e legitima a ordem social, mantendo-se ostensivamente fora deles (o rei distante como "fonte de justiça", como diz Hobsbawm), criando mecanismos institucionais e políticos que perpetuem uma sociedade que – de outro modo – poderia ser esfacelada por suas tensões internas. O Estado, no entanto, pode perder essa capacidade de mediação se for percebido

Desafios da sociedade contemporânea

envolvendo-se simplesmente numa "conspiração dos ricos em seu próprio interesse".

O quadro se complica porque, como lembra o psicanalista Joel Birman, vivemos hoje um mundo em que a performance define o lugar social de cada um. O sujeito da pós-modernidade é performático, vive só o momento, está voltado para o gozo a curto prazo e a qualquer preço, é o sujeito perverso clássico. E a perversão agora não é mais um desvio, como na modernidade, mas a regra. As grandes doenças estudadas pela psiquiatria hoje são aquelas em que a performance falha: a depressão (o sujeito trancado em si mesmo) e a síndrome do pânico (o sujeito não consegue estar num contexto em que a exibição da sua performance é requerida). A produção de medicamentos vem para revertê-las. As drogas, oficiais e ilegais, oferecem a possibilidade de as pessoas voltarem a ter uma boa performance. Daí também a relação sutil existente hoje entre o narcotráfico e a psiquiatria, ambos tentam dominar o desamparo com a ajuda de drogas.

Como os atuais processos econômicos globais são de natureza conflituosa e excludente, especialmente nos países pobres, parece inevitável que a sobrevivência do espaço de ação dos Estados exija a competência de construir modelos de equilíbrio que – mesmo baseados em tensão ou conflitos – apontem para algum crescimento econômico, políticas de emprego e certa desconcentração da renda. Michael Walzer dizia, em seu *On Tolerance*, que o desemprego fragiliza os vínculos familiares, distancia os trabalhadores de seus sindicatos e grupos de interesse, esvazia os recursos da comunidade, aliena politicamente e aumenta a tentação ao crime. Apenas se estiver ligado a uma vida associativa, o indivíduo aprende a discutir, tomar decisões e assumir responsabilidades. Ele propõe, pois, incentivar de todas as maneiras formas de associação que permitam um contínuo treinamento para o exercício de uma política democrática ativa e gerem instrumentos de "equilíbrio de poder" e solidariedade local; bem como insistir em programas que reforcem os laços de família em qualquer de suas versões – tradicional ou não convencional – capazes de produzir relacionamentos estáveis, estruturas de apoio e uma recuperação da sensação de "enraizamento".

O mal-estar da civilização está hoje traduzido no desamparo do cidadão da sociedade global. Haverá um determinismo inevitável na direção dos vetores tecnológicos que geram simultaneamente acumulação e exclusão? Forças atuantes e organizadas da sociedade mundial serão capazes de atuar no sentido de condicionar os novos e imensos saltos tecnológicos já programados de modo a garantir empregabilidade e inclusão social? Norberto Bobbio estará certo – em seus momentos de otimismo – quando afirma que a maior parte das desigualdades são sociais e não estruturais, e com tal um dia serão eliminadas? Mesmo que constatemos, com Freud, que essa questão se enquadra no conflito entre pulsão e civilização e jamais será ultrapassada por sujeitos que nunca se livrarão do desamparo – só nos restando uma gestão interminável e infinita deste conflito –, ainda assim da qualidade dessa gestão dependerá o nível do desamparo. E ela depende da governabilidade e do conteúdo democrático que soubermos operar em nossas sociedades.

Bibliografia básica

ARRIGHI, G. *O longo século XX*. São Paulo: Editora Unesp, 1994.

BIRMAN, J. *Mal-estar na atualidade*. Rio de Janeiro: Civilização Brasileira, 1998.

CASTELLS, Manuel. *La ciudad informacional*. Madrid: Alianza Editorial, 1995.

_____ *La era de la información. Economía, sociedad y cultura*. La sociedad en red. v.1. Madrid: Alianza Editorial, 1998. [Ed. Bras.: *A sociedade em rede*. A era da informação. Economia, sociedade e cultura. São Paulo: Paz e Terra, 2011.]

DAHRENDORF, R. The third way and the liberty. *Foreign Affairs*, n.36, 1999.

DESAI, M. Drawing the line: on defining the poverty threshold. *Poverty, Famine and Economics Development. The Selective Essays of Meghnad Desai*. v.2. Brookfield, VT: Edward Elgar Pub, 1995.

DICKEN, P. *Global Shift*. London: Paul Chapman Publishing, 1992.

DUPAS, G. *Crise econômica e transição democrática*. São Paulo: Klaxon, 1996.

_____ Estratégias das empresas transnacionais: oportunidades e riscos. *Coleção Documentos*, n.44, IEA/USP, abr. 1996.

_____ A lógica econômica global e a revisão do *welfare state*: a urgência de um novo pacto social. Revista *Estudos Avançados*, n.33, IEA/USP, maio-ago. 1998.

_____ A lógica da economia global e a exclusão social. *Estudos Avançados*, n.34, IEA/USP, set.-dez. 1998.

_____ *Economia global e exclusão social – pobreza, emprego, Estado e o futuro do capitalismo*. São Paulo: Paz e Terra, 1999.

_____. A lógica da globalização e as tensões da sociedade contemporânea. II Congresso Sul-Americano de Filosofia, out. 1999.

GALBRAITH, J. K. *The Culture of Contentment*. New York: Houghton Miffiln, 1993.

GIDDENS, A. *As consequências da modernidade*. São Paulo: Unesp, 1990.

_____. *Para além da esquerda e da direita*. São Paulo: Unesp, 1996.

_____. *A terceira via*. São Paulo: Record, 1998.

HABERMAS, J. *Die Postnationale Konstellation*. Frankfurt/M: Suhrkamp, 1998. [Ed. Bras.: A constelação pós-nacional: ensaios políticos. *Caderno CRH*, Salvador, n.38, p.281-286, jan.-jun. 2003.]

HIRSHMAN, A. The changing tolerance for income inequality in the course of economic development. *Quality Journal of Economics*, v.87, p.544-565, 1973.

HIRST, P.; THOMPSON, G. *Globalization in Question*: International Economic Relations and Forms of Public Governance. Cambridge: Polity Press, 1996.

HOBSBAWM, E. *Sobre a história*. São Paulo: Companhia das Letras, 1998.

INTERNATIONAL Labor Organization. Industrial relations, democracy and social stability. *World Labor Report*, Genebra, 1997-1998.

LAYARD, R.; NICKELL, S.; JACKMAN, R. *Unemployment*: Macroeconomic Performance and the Labour Market. Oxford: Oxford University Press, 1991.

ROGERS, G. "What is special about social exclusion approach?". In: _____.; GORE, C.; FIGUEIREDO, J. (Orgs.). *Social Exclusion*: Rethoric, Reality, Responses. Genebra: International Institute for Labor Studies, 1996.

SEN, A. *Inequality Reexamined*. Cambridge, MA: Harvard University Press, 1995. [Ed. Bras.: *Desigualdade reexaminada*. Rio de Janeiro: Record, 2001.]

TOURAINE, A. *Qu'est ce que la democratie?* Paris: Fayard, 1994. [Ed. Port.: *O que é democracia?*. Lisboa: Instituto Piaget, 1994.] _____. *Pourrons-nous vivre ensemble?* Paris: Fayard, 1997. [Ed. Port.: *Iguais e diferentes – podemos viver juntos?*. Lisboa: Instituto Piaget, 1998.]

UNCTAD. *Trade and Development Report*, 1996.

WORLD BANK. *World Development Report*. Washington, 1998.

3
São Paulo sob ferro e fogo[1]

"Sábado, 12 de julho. Completamente às escuras, para dificultar a artilharia do governo, São Paulo anoitece iluminada por grandes incêndios. O fogo provocado pelos obuses devasta quarteirões inteiros. No centro, pesadas colunas de fumaça podem ser vistas a se erguer dos telhados do Fórum Criminal. Multiplicam-se incêndios em casas, armazéns, fábricas e vagões ferroviários estacionados próximos à Estação da Luz.

Domingo, 13 de julho. As ruas dos bairros pobres do Brás, da Mooca, do Hipódromo e do Belenzinho amanhecem juncadas de cadáveres. Muitas famílias sepultam seus mortos nos quintais. Cerca de 200 corpos anônimos se empilhavam numa baixada do cemitério do Araçá, à espera do sepultamento. Hospitais provisórios são criados em toda a cidade para atender as vítimas do bombardeio. Veículos militares, táxis, automóveis e ambulâncias amontoam-se pelas esquinas, após terem se chocado uns com os outros.

---

1 *Jornal da Tarde*, 17/6/1996.

Terça-feira, 15 de julho. A artilharia do governo espalha o sofrimento, a morte e o luto entre as famílias do Brás. Desde as primeiras horas do dia o bairro está sob uma chuva de fogo e aço. As granadas reduzem prédios inteiros a montanhas de escombros. Quarta-feira, 16 de julho. No alto dos morros o Exército pode agora dominar a cidade. A artilharia, mais bem localizada, espalha a morte e o terror de forma ainda mais devastadora. Terça-feira, 22 de julho. Granadas abrem crateras enormes nas ruas. Casas evaporam-se, prédios inteiros desaparecem com as explosões. Os bairros industriais são impiedosamente castigados pelos canhões; 300 mil pessoas já abandonaram São Paulo e fugiram para o interior."

Que mentes fantasiosas criaram essas imagens macabras? Quentin Tarantino prepara um filme de guerra tendo como cenário os bairros da Mooca, do Brás e do Belenzinho? Espero que alguns leitores já tenham resolvido o mistério. Ajudar-me-ão a manter a esperança de que a memória desse país não morreu.

Fiquei chocado ao ler as páginas do belo e apaixonado *A noite das grandes fogueiras*, de Domingos Meirelles, que contém os trechos que reproduzi acima, com pequenos cortes. Esse pedaço de nossa história mostrou-me uma face absolutamente original desta cidade.

Tendo frequentado algumas das melhores escolas públicas do Estado, e enfrentado muitas centenas de horas da chamada História do Brasil, precisei do recém-publicado livro de Meirelles para saber que, há pouco menos de 72 anos, lugares próximos de onde morei e muitas das ruas por onde passo foram cenários de batalhas com tanta violência, tragédia e heroísmo.

A rebelião de 5 de julho de 1924, quando jovens tenentes comandados pelo general Isidoro Dias Lopes tomam de assalto a capital e expulsam da cidade o presidente do Estado, Carlos de Campos, é referida em pouco mais de uma linha nos nossos livros didáticos convencionais. Esse movimento político de motivações complexas, apoiado por batalhões formados por imigrantes europeus, resistiu 22 dias aos bombardeios, inclusive aéreos, no maior ataque militar contra São Paulo. Ainda assim, o episódio tem menção superficial mesmo no enorme volume de 600 páginas da *História da civilização paulista*, de Aureliano Leite (Saraiva, 1954, prefácio de Gilberto Freyre), que fui achar empoeirado num canto de minhas estantes.

Trens "blindados" falsificados com chapas de madeira pintadas de preto e revestidas de areia para causar pânico aos exércitos legalistas; locomotiva "maluca" disparada sem maquinista e preparada para explodir ao atingir o inimigo; avião biplano revestido de tecido envernizado, confiscado da feminista aviadora Teresa de Marzo, carregado com panfletos e 3 quilos de dinamite para tentar explodir o Palácio do Catete; tanques de guerra enfrentados por trabalhadores europeus, curtidos na Primeira Guerra Mundial. Episódios fantásticos enterrados na memória.

Após tentativa inútil de mediação com a ajuda de Paulo Duarte, intelectual de absoluta confiança e jornalista de *O Estado de S. Paulo*, foi-se a última esperança dos rebeldes para uma trégua honrosa. Fragorosamente derrotados pelas tropas do governo de Artur Bernardes, que consideravam ilegítimo, esses idealistas confusos abandonaram a capital e juntaram-se a paranaenses e gaúchos. Transformaram-se na bem conhecida Coluna Prestes, ainda melhor iluminada pelas fogueiras de Meirelles.

Graças a essa centena de páginas brilhantes, enxergo nossa São Paulo com um novo olhar.

4
O direito ao mar[1]

A tradição nos legou uma série de valores na assim chamada área dos direitos. Há aqueles que parecem tão óbvios que sequer ousamos questioná-los. O direito ao ar que respiramos e ao ir e vir são bons exemplos. Basta um instante de reflexão, no entanto, para que se desconfie deles.

O ar cada vez mais poluído faz do condicionador um item padrão em edifícios comerciais novos. E já não é raro observar pessoas usando máscaras nas metrópoles modernas. Justo o ar puro, que parece ser um bem público por excelência. O direito de ir e vir envolve congestionamentos, pedágios, tarifas de ônibus, em suma: tempo e dinheiro. No entanto, a humanidade – errante desde o início – durante mais de 90% de sua história foi caçadora, vagando pelas savanas e estepes sem cercas, guardas e funcionários de alfândega. Carl Sagan, o grande astrofísico norte-americano morto recentemente, lembrava:

---

1 *Jornal da Tarde*, 20/1/1997.

Apenas nos últimos 10 mil anos – um instante em nossa longa marcha – abandonamos a vida nômade. Mas mesmo depois de quatrocentas gerações em vilas e cidades, não esquecemos. A estrada aberta nos chama suavemente, quase como uma canção esquecida da infância.

Há, é claro, direitos que já se foram para sempre. O de colher as frutas e abater os animais que se fossem achando no caminho, por exemplo. Outros a duras penas ainda se conservam. Dar "água a quem tem sede" ainda nos parece um direito inalienável. Sou do tempo em que as cidades brasileiras ainda tinham espaço para a generosidade. Mencionei, em artigo de dois anos atrás nesse espaço, que a soleira da porta da casa de minha infância, e a de muitos de nossos vizinhos, acolhia muitas vezes algum mendigo com sua caneca e prato de folha-de-flandres, a comer uma refeição razoável que era pedida sem humilhação e oferecida com respeito. São tempos que não voltam mais. A maioria das casas de classe média, cercadas de muro, já não tem sequer a "torneira da rua". E a água mineral chega a ser recomendada como condição de saúde. Quanto à comida, o que aconteceria hoje se estivéssemos dispostos a acolher em nossa porta quem estivesse a pedir um bom almoço?

Existem ainda exigências mais refinadas e sutis, coisa de país rico, como o direito à vista e ao silêncio. Anos atrás, passeando por Zurich, chamou-me a atenção um tapume no qual estava colado uma espécie de edital. A parente suíça que nos acompanhava explicou tratar-se de uma convocação aos habitantes do bairro para que verificassem o projeto preparado pelo dono do terreno, exposto na sede da comuna. Ele previa três andares e só seria autorizado se os vizinhos não tivessem objeção quanto à vista do lago, que se estendia

Desafios da sociedade contemporânea

morro abaixo. Mais tarde soubemos que a aprovação só veio condicionada à eliminação de um dos andares. O direito à vista foi preservado. Quanto ao silêncio, não precisamos ir tão longe. Basta o cidadão tentar proteger-se dos ruídos noturnos do bar ou da boate na esquina de sua casa para perceber que há muito não tem mais direito ao silêncio.

Conhecer o mar sempre foi um dos desejos mais idealizados do homem. Basta lembrar a emoção de cada um, ou de filhos e netos, quando pela primeira vez se deparam com a imensidão de areia e água. O primeiro arrepio com a onda fria espirrando na barriga, o castelo na areia, o cálido entardecer que restabelece a harmonia perdida. Evocações arquetípicas de nossos antepassados, sejam índios, conquistadores ou escravos, sempre estiveram recheadas do medo e do prazer dessa massa líquida que nos ameaça e embala.

Chegar à praia, para quem não mora nela, sempre foi uma operação trabalhosa. Os que podem, lotam seus carros e vão passar a temporada em casas ou hotéis. Outros vão de ônibus para um tempinho em pensão modesta. A grande maioria, porém, freta ônibus ou kombis e vai passar o dia na praia. São os famosos "farofeiros". Excitados por uma festa que acabará logo, queimam-se e bebem demais, fazem barulho e, principalmente, sujam. A classe média reclama do incômodo, as prefeituras reagem contra o lixo e a confusão. Todos, aliás, com muita razão. Os cidadãos pagam imposto por suas casas de praia, os hotéis querem dar sossego a seus hóspedes. Conclusão: criam-se barreiras à entrada de ônibus, exigem-se reservas em hotéis ou pensões e criam-se taxas de meio salário mínimo por dia para dificultar aos milhões de brasileiros "farofeiros" o direito ao mar.

Que fazer? Provavelmente muito pouco. É legítimo às prefeituras cobrar de quem quer utilizar seus recursos naturais sem vandalismo, desde que em contrapartida ofereça uma infraestrutura decente para amparar o turista. Assim como conhecer o mar, o sorvete também é um sonho de cada criança e nem por isso se fazem campanhas para que o picolé seja dado de graça a quem não pode comprá-lo. Para não falar dos chamados direitos humanos universais – aspirações simbólicas consignadas em carta mundial – e que faltam à imensa maioria.

Diante de tanta carência e direitos impossíveis de serem garantidos, que peso tem o direito ao mar? Ainda assim, talvez por não poder esquecer meu deslumbramento de menino ao descobrir a massa líquida do horizonte dissolvendo-se no tênue contorno do céu, acho uma pena.

5
Revisitando Euclides[1]

São antigas e profundas as raízes da desigualdade social no Brasil. Podemos buscá-las no estilo de colônia de exploração lusitana que – até a acidental vinda da família real – só sugou esse enorme e rico território. Tentar culpar a etnia, complicada mistura de degradados com índios usurpados e negros escravos. Apontar para o coronelismo, as oligarquias ou as elites atrasadas e rancorosas. Ou, ainda, explicar esses imensos bolsões de pobreza pela nossa condição de país periférico ao capitalismo mundial.

Apesar de suas causas complexas, os retratos da miséria parecem não mudar. Dias atrás, ao revisitar o magistral *Os sertões*, dei-me conta da atualidade das descrições de Euclides da Cunha sobre a nossa maior rebelião dos desesperançados: o "desatino" de Canudos, de Antônio Conselheiro.

Um século se passou, mas ainda pode-se identificar na face do país várias das mesmas cicatrizes. O povoado de Canudos,

---

1 *Jorna da Tarde*, 20/4/1998.

por exemplo, parece lembrar qualquer favela metropolitana de hoje:

> Não se distinguiam as ruas. Substituía-as dédalo desesperador de becos estreitíssimos, mal separando o baralhamento caótico dos casebres feitos ao acaso, testadas volvidas para todos os pontos, cumeeiras orientando-se para todos os rumos, como se tudo aquilo fosse construído febrilmente, numa noite, por uma multidão de loucos.

Um assalto corriqueiro da polícia carioca em busca de traficantes escondidos no morro também não teria detalhes mais perfeitos:

> (O casebre) não opunha a rijeza de um tijolo à percussão e arrebatamento das granadas, que se amorteciam sem explodirem, furando de uma vez dezenas de tetos. Era fácil batê-lo (o povoado), dominá-lo; era dificílimo deixá-lo. Intacto, era fragílimo; feito escombros, formidável. Rendia-se para vencer, aparecendo diante do conquistador surpreendido, inexpugnável e em ruínas.

A sensibilidade de Euclides diante da miséria contém códigos universais. Ao descrever uma das mulheres andrajosas que iniciam a fila da rendição final, ele busca – e encontra – a mesma beleza mal oculta nos esfarrapados de hoje:

> A miséria encavara-lhe a face, sem destruir sua mocidade. Uma beleza olímpica ressurgia na moldura firme de um perfil judaico, perturbados embora os traços impecáveis pela angulosidade dos ossos apontando duramente no rosto emagrecido e

pálido, aclarado de olhos grandes e negros, cheios de tristeza soberana e profunda.

Ou descobre a sublime dignidade no gesto e na fala do braço direito do Conselheiro, esquálido, entregando-se com a fronte levantada e altivez resignada: "Saiba o *seu doutor general* que sou Antônio Beato; e eu mesmo vim por meu pé me entregar porque a gente não tem mais opinião e não aguenta mais".

Os tempos são outros, a República tem cem anos, mas os mecanismos da política ainda não mudaram totalmente. Reclama Euclides:

> A nossa civilização de empréstimo arregimentava, como sempre fez, o banditismo sertanejo. Os grandes conquistadores das urnas que [...] transformaram a fantasia do sufrágio universal na clava de Hércules da nossa dignidade (na hora das eleições), apelavam para o Conselheiro.

A lógica da globalização arrastou nações pobres e ricas para uma rota comum: a abertura dos mercados e a competitividade. Umas e outras conseguem avanços, mas a massa de excluídos parece aumentar lá e cá. Fome e desesperança geram situações explosivas. Movimentos sociais pressionam contra ou a favor de imigração legal ou invadem terras e reivindicam sua posse. Os governos hesitam em utilizar a lei; ou a usam com violência. Mais uma vez vale a pena ouvir Euclides: "Eram, realmente, fragílimos aqueles pobres rebelados. Requeriam outra reação. Obrigavam-nos a outra luta. Entretanto, enviamo-lhes o legislador Comblain; e esse argumento único, incisivo, supremo e moralizador: a bala".

Separando no MST os desempregados urbanos e os oportunistas, ainda sobra um importante contingente de trabalhadores rurais que a tecnologia continua a varrer do campo. Estes últimos têm profunda identificação com a terra-mãe, aquela que abriga e alimenta. Para eles, que querem voltar ao único mundo que entendem, aplica-se outro trecho de *Os sertões*: "Cercam-lhe relações antigas. Todas aquelas árvores são para o sertanejo velhas companheiras. Nasceram juntos; cresceram irmãmente, lutando com as mesmas agruras, sócios dos mesmos dias remansados".

Na virada deste século de luzes, as pendências sociais continuam muito mal resolvidas. Espécie de inevitável contraponto, elas surgem como o lado escuro da riqueza, da tecnologia e da sofisticação científica e intelectual. É preciso não perder a capacidade de indignação. E saber encarar a miséria e o desalento, como fez Euclides da Cunha, com um mínimo de respeito e solidariedade. Usar com firmeza a lei, ajustando-a com bom senso. Mas nunca permitir que a violência prevaleça, como nas cenas finais de Canudos: "Os soldados impunham invariavelmente à vítima um viva à República. Agarravam-na pelos cabelos, dobrando-lhe a cabeça [...] e, francamente exposta a garganta, degolavam-na. Ou, então, o processo era mais expedito: varavam-na, prestes, a facão".

Questões sociais não se extirpam, tratam-se; como parte integrante de nós próprios.

6
Novos controles sociais e privacidade[1]

A sociedade global contemporânea está estruturada sobre as tecnologias da informação e os sistemas em rede (*networks*). De um lado, cria-se a grande vantagem de colaborar à distância dentro de estruturas organizacionais flexíveis e pouco hierárquicas. De outro, surgem novos riscos à sociedade e à liberdade. A vida social não mais é apresentada sob a forma de uma série de deveres e direitos em relação à comunidade, mas, sim, como composta por uma profusão de encontros e conexões temporárias. O *projeto* ou *evento* é a ocasião e o pretexto da conexão, um módulo da rede ativado durante um período restrito, mas que pode construir laços mais ou menos duráveis. A capacidade de engajamento num novo projeto passa a se constituir no signo mais concreto de sucesso. Os indivíduos que não têm projetos e não exploram as conexões da rede estão ameaçados de exclusão permanente desse mundo em rede. Para isso, eles abandonam tudo

---

1 *Jorna da Tarde*, 29/1/2003.

o que limita a disponibilidade para engajar-se: mobilidade e ligeireza, estabilidade, enraizamento e laços locais.

A metáfora da rede torna-se progressivamente uma nova representação da sociedade, eliminando separações rígidas entre ordens, esferas, campos e classes; e liberando fidelidades pessoais às normas institucionais e a todas as formas de hierarquia. Pesquisas recentes indicam que donas de casa estão comprando menos alimentos para pagar a conta do celular de seus filhos adolescentes que, de outra forma, sentir-se-iam *out*. No mundo da interconexão, estar ou não conectado é a questão à qual tende a se resumir a inclusão e a exclusão. Nele também se dilui a distinção entre vida privada e profissional. A nova exigência é de prontidão plena.

A contribuição específica dos pequenos no mundo conexionista constitui também a fonte de sua exploração. No mundo da interconexão não é a qualidade e a raridade do bem ou serviço que são mais valorizadas, mas o diferencial de mobilidade. Os grandes procuram contratar terceiros para a tarefa, utilizando suas marcas e direitos intelectuais e vendendo pela própria internet. Por outro lado, os mais flexíveis estão em melhores condições de negociar o preço dos bens e serviços que oferecem no mercado. Mas a mobilidade e adaptabilidade dos pequenos, ao mesmo tempo que lhes abre oportunidades, também é a fonte de sua exploração.

Uma das contrapartes complicadas da interconexão é o crescimento da vigilância, que se torna o modo de governança dominante das sociedades baseadas no conhecimento, organizando as relações sociais e a manutenção da ordem social. Os olhos eletrônicos estão em toda parte, sem autorização e percepção do cidadão controlado. É a vigilância rotineira e sistematizada viabilizada pelas tecnologias da informação. Observações, registros e controles dos nossos passos e rastros

Desafios da sociedade contemporânea

são classificados por categorias relacionadas a noções de risco ou oportunidade. Elas habilitam, desabilitam; admitem, excluem; conferem crédito, desacreditam. São os perfis de risco. O uso desses dados tanto define os consumidores para o setor privado (companhias de seguros) como avaliam a "ameaça social" para os centros de inteligência (rastreamento de supostos terroristas). Apesar dos limites práticos, técnicos e legais, há uma relativa "porosidade" nos bancos de informação em relação aos dados pessoais do consumidor, que se tornaram um produto valioso para pesquisa de mercado, rastreamento de transações comerciais e bancárias. Têm-se encontrado com cada vez maior frequência vazamentos de dados pessoais obtidos pelo setor privado e por agências governamentais, para usos diferentes daqueles a que foram revelados (ou autorizados). Há vários casos de empresas internacionais de venda de loterias e outras bugigangas flagradas pelo receptor da mensagem como tendo utilizado dados de registros consulares e outras informações para uso oficial, demonstrando a porosidade (contaminação) cada vez maior da fronteira entre direitos individuais e interesse comercial, com participação – ainda que por desleixo ou corrupção – até do setor público.

O problema é que, como todos os outros fluxos que constituem a *sociedade em rede*, os dados pessoais privilegiam as assimetrias de poder organizacional e social. De alguma forma, transforma-se em realidade o velho Big Brother de Orwell: o Estado (e, agora, as corporações) usa seu aparelho burocrático como uma presença onisciente que controla de perto os movimentos e pensamentos dos cidadãos. A informação e tecnologia assumem o papel do controle social e acarretam a perda da privacidade – elemento fundamental da dignidade humana. A vigilância é imperceptível e generalizada, sendo impossível saber quando se está só. Vídeo-câmeras operam em período integral – tanto nas ruas como no interior dos prédios –, algumas gravando, outras sendo observadas pelo pessoal de segurança e outras mais meramente registram padrões de comportamento. Essas novas tecnologias travestiram-se de um instrumento militar para uma tecnologia civil banal; sua força motora segue uma espécie de idolatria militar, onde o olho se torna uma arma para o desejo insaciável por mais informação. Transformamo-nos todos, assim, em grandes *voyeurs*. O sucesso mundial dos programas de TV que devassam intimidades são uma triste prova disso. Esse é um caminho muito perigoso que pode jogar fora, junto com a privacidade, a nossa liberdade.

7
Origens do risco no capitalismo global[1]

Fala-se da crise atual como sistêmica e global. Mas as associações entre risco e globalização vêm de longe. No início do século XVI, com a percepção do *mapa mundi*, pela primeira vez nos situamos numa perspectiva planetária. As viagens sucessivas de Colombo, Magalhães e Elcano atestaram que vivíamos numa esfera e revolucionaram nossas percepções sociopolíticas. O filósofo Peter Sloterdijk localiza aí o início da globalização. Um novo conceito espacial de poder havia se tornado indispensável para os vencedores, insuportável para os perdedores e inevitável para todos. Quem chegava a portos pátrios depois de uma circunavegação terrestre não podia mais imaginar-se centro do mundo. A cidade natal passou a ser vista de fora dela.

Júlio Verne percebeu com clareza a ideia de modernidade como de um fluxo globalizado. O seu itinerário em *A volta ao mundo em oitenta dias* reverte o sinal histórico, com a supremacia das viagens marítimas sobre as terrestres. Colombo

---

1 *Folha de S.Paulo*, 5/2/2009.

desenhara para as majestades de Espanha um globo pequeno, basicamente sólido, com os oceanos restritos a um sétimo de sua superfície. Pouco depois se exigia dos europeus entender que a predominância de superfícies aquosas dava à Terra um nome inadequado. De fato, tratava-se de um mundo líquido, com três quartos de sua superfície de água. Essa foi a informação cartográfica fundamental da Idade Moderna. Sloterdijk lembra que no pequeno globo Lenox, construído em 1510, a legendária ilha de Cipango (Japão) – mencionada por Marco Polo – aparecia muito próxima da costa ocidental da América do Norte. A ideia do predomínio das massas continentais só acabou quando Pigafetta descreveu a Carlos V de Espanha sua viagem com Elcano, garantindo terem navegado três meses e vinte dias com ventos sempre favoráveis através de um mar incomensurável e muito calmo, que chamaram de Pacífico, o que colocou a imensidão das águas em seu verdadeiro lugar. Agora, havia que se pensar em termos oceânicos. Acabava, também, a adequação semântica de *continentes*, que já não *continham* mares; eram contidos por eles. A partir daí o fluxo de mercadorias e pessoas na Idade Média foi um costear, atravessar ou se esquivar dos mares. Os oceanos do mundo transformaram-se em suportes dos assuntos globais e meios naturais dos fluxos ampliados de capital. Só o mar passava a dar uma base para pensamentos universais. Estava inaugurada a globalização. A navegação europeia – civil, militar e corsária – foi o seu veículo principal até o auge das viagens aéreas, já na segunda metade do século XX.

Um dos primeiros que soube extrair vantagens desses conhecimentos foi Carlos V. Ele viu na carta secreta de Pigafetta uma oportunidade. Pelo Tratado de Zaragoza, vendeu os direitos das ilhas Molucas à coroa portuguesa por 350 mil ducados, negócio excepcional porque as medições do

Tratado das Tordesilhas vieram a mostrar que elas pertenciam a Portugal. Conhecimento já era poder. Esse negócio internacional inaugurou a natureza eminentemente especulativa dos processos de globalização capitalista, sob os auspícios do risco e do oportunismo. Os capitais também se libertaram dos países. O império espanhol de ultramar foi construído com empréstimos de bancos flamengos e genoveses cujos donos, brinca Sloterdijk, faziam girar o mundo para construir os caminhos de ida e de volta de seus juros. Isso não nos lembra os atuais fluxos globais?

Descobrimentos passaram a significar domínio de rotas e colônias que permitissem a patrocinadores reais ou burgueses realizar lucros sob forma de comércio, tributos e butins. Novos mapas e conhecimentos oceânicos eram protegidos como segredos de Estado; a coroa portuguesa proibia sua divulgação sob pena de morte. A parelha globalização-descobrimento virou sinônimo de investimento e risco para reis e empresários que quisessem tentar fortuna. A sociedade capitalista em formação já se dava conta de que tinha de tomar crédito, planejar, inventar, arriscar, partilhar resultados e amargar quebras. Acabava, então, a ideia da dívida como mancha moral, até porque sem ela não há capitalismo.

Como vimos, a não ser na instantaneidade das informações, não há nada muito novo sob a luz do sol. Um capitalismo mais selvagem? Nem isso, apenas muitíssimo veloz e causador de danos mais amplos.

8
Todos moram em algum lugar[1]

A moradia, assim como o ar que respiramos e a alimentação que nos mantém vivos, é essencial à natureza humana. Na mansão, no cortiço, no apartamento de cobertura, na vila operária ou embaixo da ponte, todos moram em algum lugar.

Recente levantamento do BNH atesta o que todos enxergamos nas ruas. A carência de habitações no país é um dos maiores dramas para a população de baixa renda. Para o atendimento da faixa de até cinco salários mínimos, seriam necessárias 15,5 milhões de novas habitações no Brasil, no período de 1980/1990. Apenas para a solução da subabitação (favelas e cortiços) serão necessárias 5,5 milhões de casas.

Muito a propósito, terminei nesse fim de semana a leitura do excelente trabalho da amiga Eva A. Blay, *Eu não tenho onde morar – Vilas Operárias na Cidade de São Paulo*. Trata-se de um profundo mergulho às raízes do problema habitacional brasileiro para as classes de baixa renda, que remonta à segunda metade do século XIX. Naquela época, em

---

1 *Folha de S.Paulo*, 25/7/1985.

apenas 21 anos (1900/1920), o número de operários empregados nas indústrias nascentes da cidade de São Paulo cresceu
de 11,5 mil para 84 mil, pressionando o poder público e os
capitais privados para alternativas de solução.

Na época, dado que a população de baixa renda habitava
cortiços em zonas urbanas onde proliferavam as mais varia-
das epidemias, havia uma razão a mais para tentar enfrentar
a questão: o perigo de contaminação. Nesse sentido, com a
permissão de um raciocínio cínico, o razoável controle epide-
miológico atual funciona como um freio no sentido da busca
de soluções. Imagine-se, hoje, como seria maior a prioridade
para solução da subabitação se fossem seus moradores potenciais transmissores de doenças contagiosas à população de
maior renda, não protegida pelas vacinas modernas!

Como Eva Blay descreve, com riqueza de detalhes, a
discussão sobre habitação popular no período 1890/1910
visava, também, criar condições para fixação da mão de obra
industrial, em especial dos imigrantes. Os longos debates na
Câmara Municipal de São Paulo definiam os contornos da
questão e exprimiam posturas ideológicas que marcam, até
hoje, o debate sobre a questão. Em 1901, após longa polêmica
sobre a entrega do problema à iniciativa privada ou ao setor
público, o prefeito Antônio da Silva Prado foi autorizado a
abrir concorrência para construção de vilas operárias por
capitais privados em terrenos públicos, concedendo-lhes
vantagens tributárias; em contrapartida, ficava o empreendedor obrigado a executar obras de saneamento definidas
pela prefeitura, a manter os aluguéis dentro de certas tabelas
e a facilitar a aquisição futura pelo locador. Preocupado com
a oferta de habitações e a propriedade delas pelos próprios
operários, o vereador Celso Garcia, ao mesmo tempo que
propunha, em 1907, "isenção de impostos por cinco anos a

Desafios da sociedade contemporânea

particulares ou empresas que construam mais de vinte casas operárias e as aluguem por preço inferior a 40$000 [quarenta mil réis]", procurava reunir fundos de associações operárias para viabilizar casa própria a alguns deles. Enquanto permanecia a discussão sobre quem deveria ter a hegemonia para enfrentar a questão, os industriais antecipavam-se com a construção de vilas operárias, estas últimas funcionando simultaneamente como benefício e freio reivindicatório para os seus operários.

De 1900 até hoje, a partir do processo de industrialização do país, a questão da habitação continua, como vemos, a enfrentar as mesmas perguntas mal respondidas. Afinal, é necessário, socialmente justo e economicamente eficaz subsidiar habitação popular? É possível, como se imaginou nos últimos vinte anos, resolver o problema procurando dar a todos a propriedade de sua habitação sem, simultaneamente, estimular fortemente a oferta de imóveis de baixa renda com um preço de locação razoável? E, finalmente, cabe ao setor público ou ao setor privado a primazia dessa iniciativa?

Esses temas, mais atuais do que nunca, exigem uma pronta reflexão se quisermos enfrentar a enorme carência de habitações de baixa renda e a trágica situação de subabitação que atinge os brasileiros.

Claro está que o setor privado só responde positivamente a programas de investimento quando o retorno é adequado às alternativas existentes ou quando instrumentos de caráter compulsório induzirem a tal. O que quer dizer, na prática, que a oferta de habitação de baixa renda, para locação, terá sempre um interesse restrito para o empreendedor privado, especialmente dado o tipo de locador. Ao capital privado interessa mais construir conjuntos habitacionais do que deter a posse deles para locação, mesmo que alterações na Lei do

Inquilinato e na tributação fossem feitas. Se, por outro lado, for complicado para o Estado operacionalizar, com o mínimo de eficiência, conjuntos habitacionais de sua propriedade para a população de baixa renda, resta a conclusão (complicada) de que justamente na faixa dos mais pobres os programas, obviamente subsidiados, se limitariam à aquisição de casa própria. O que não deixa de ser, no mínimo, uma contradição.

Essas e outras questões da mesma relevância, tão atuais hoje quanto no exame histórico de Eva Blay, mostram que, em matéria de habitação popular, os conceitos e as defini-ções, embora urgentes, ainda estão por amadurecer. Até lá todos continuarão a morar em algum lugar. Infelizmente, na maioria dos casos, em cortiços, em favelas ou embaixo dos viadutos. Sem risco iminente de epidemias...

9
Filantropia e capitalismo global[1]

Bill Gates e Warren Buffett, os dois homens mais ricos do mundo, após doarem 70 bilhões de dólares para a Fundação Gates, são também os maiores filantropos vivos. Símbolos do capitalismo global, eles integram os quarenta atuais bilionários mundiais que acumularam sozinhos sua fortuna. A filantropia nasceu nos EUA ao final do século XIX para remediar a incompetência das instituições em atender os excluídos daqueles tempos. Ideólogos como Andrew Carnegie e Herbert Spencer incentivavam os doadores a aplicar aos problemas sociais os métodos racionais da revolução industrial. Aliás, foi Buffett quem deu a Gates o famoso texto de Carnegie, *O evangelho da riqueza*, sobre a "necessidade moral" da grande filantropia. As "fundações" pretendiam ser uma espécie de "burocracia da virtude cívica" ou "alternativa privada ao socialismo", procurando amenizar críticas às grandes fortunas como as de John D. Rockefeller e Andrew Mellon. Algumas daquelas fundações, no entanto, acabaram

---

1 *Folha de S.Paulo*, 2/11/2006.

por criar autonomia e se profissionalizar, dando intensa colaboração à arte e à cultura. Também ajudaram os sentimentos de culpa dos milionários, tomados pelo fervor religioso da "ética protestante" de Max Weber; a percepção de que os sucessores não mereciam aquelas fortunas e poderiam colocá-las a perder; e os incentivos fiscais. O dom da filantropia pode ser encarado como uma categoria do capital, ligado ao seu próprio processo de reprodução, "legitimando" a imagem dos capitalistas que – com competência e oportunismo – criaram intensos processos de acumulação. Theodore Roosevelt, durante a campanha presidencial de 1912 – talvez irritado com algum doador recalcitrante -, investiu contra os novos ricos, declarando que "algum grau de caridade no gasto dessas fortunas" não compensaria o tipo de condutas que permitiu adquiri-las. Joseph Schumpeter, numa frase lapidar, assim situou a filantropia:

> O homem cujo espírito está todo absorvido na luta pelo sucesso dos negócios tem, como regra geral, muito pouca energia para consagrar-se seriamente a qualquer outra atividade. Para ele, um pouco de filantropia e um pouco de "colecionismo" fazem geralmente parte do negócio.

A mais recente face da filantropia, na sua versão *soft* de "responsabilidade social das empresas", transformou-se numa espécie de "marketing defensivo-ofensivo" que tenta preencher o vácuo das políticas públicas e a incompetência dos governos que empurram para o âmbito privado a solução das desigualdades. Afinal, os consumidores estão inquietos e muito sensíveis às questões sociais e ambientais, tendendo a criar maior lealdade a marcas que anunciam serem responsáveis por ações sociais, não importa quão

Desafios da sociedade contemporânea

verdadeiras ou consistentes essas ações sejam. Assim, grandes empresas poluidoras têm contratado consultorias especializadas para maquiá-las, aos olhos do consumidor, como "empresas verdes". Pequenas ações e apoios moderados a entidades adequadas, embalados em milhões de dólares de propaganda – valor às vezes bem maior que o destinado às próprias ações sociais –, podem agregar expressivo valor a uma marca. Obviamente merece apoio e aplauso qualquer iniciativa tomada para combater a fome ou aumentar as chances de retirar – ainda que provisoriamente – um ser humano da exclusão. Mas a questão é avaliar se esse caminho é estruturalmente consistente. É natural que seja atribuída às corporações uma parcela crescente da responsabilidade pelos efeitos negativos da globalização. Elas concentram hoje um grande poder: apenas as sete maiores empresas mundiais geram um volume de negócios equivalente ao PIB somado de México, Brasil e Argentina. E suas decisões sobre novas tecnologias, para além de produtos mais sofisticados e eventualmente úteis, são uma das grandes causas de redução de empregos, concentração de renda e degradação ambiental.

Parece ser da cultura capitalista que o vencedor leve tudo e depois ajude um pouquinho a grande massa de perdedores. Numa visão antropológica, Marcel Mauss diz que o chefe tribal favorecido pelos espíritos e pela fortuna reafirmava sua autoridade distribuindo parte dela e colocando os favorecidos "à sombra do seu nome". Mas não será por aí que o capitalismo global vai encontrar um caminho efetivo para reduzir a exclusão social.

10
Acabaram as utopias?[1]

O mundo parece abandonar definitivamente as utopias e atirar-se de joelhos diante do mercado. A China virou uma das sócias maiores do capitalismo global; a Itália entrega-se mais uma vez ao megaempresário Berlusconi; e Cuba abre brechas à propriedade privada e à sociedade de consumo. O capitalismo transformou-se em regime único. O mercado implacável define ganhadores e perdedores, o Estado de bem--estar social definha e parecemos nos satisfazer com *i-pods*, telefones celulares, telas de plasma e carros de 3 mil dólares. Isso significa que qualquer proposta de transformação do mundo capitalista passou a ser uma ilusão irrealizável? Não é mais possível projetar para o futuro fundamentos de uma nova ordem? Os versos de Eduardo Galeano esclarecem:

Para que serve a Utopia?

Ela está diante do horizonte.

Me aproximo dois passos

---

1 *Folha de S.Paulo*, 5/5/2008.

e ela se afasta dois passos.
Caminho dez passos
e o horizonte corre
dez passos mais à frente.
Por muito que eu caminhe
nunca a alcançarei. Para que serve a Utopia?
Serve para isso: para caminhar.

Francisco Fernández Buey nos recorda que Thomas More escreveu *Utopia*, sua ilha imaginária, inspirado nas notícias sobre o Novo Mundo vindas pelas Cartas de Américo Vespúcio no início do século XVI. More era um realista e falava em caminho oblíquo: o que não pode tornar-se bom, que se torne o menos mal possível. Embora vários utópicos contestassem a propriedade privada como raiz de todos os males, More era cuidadoso; não achava viável que todas as coisas fossem comuns. Curioso ter sido o México, mais uma vez o Novo Mundo, o destino da primeira experiência utópica renascentista que Vasco de Quiroga, juiz e bispo de Nova Espanha, propôs levar à prática. Em 1530, com o apoio do imperador Carlos I, proibiu a escravidão dos índios. Fundou um colégio conservando as línguas autóctones e fazendo uma insólita experiência sociocultural. Durou pouco. No final daquele século, Campanella imaginou que poderia operar uma transformação completa da sociedade e inventou uma República Universal na sua Calábria. Foi submetido à inquisição por suas práticas utópicas. Na prisão, idealizou *A cidade do Sol*, governada por um magistrado supremo e por três adjuntos representando sabedoria, poder e amor. Nela o direito era uma virtude coletiva e a política, um ramo da ética. Já Robert Burton propôs sua *Atlântis*, mas achava ser impossível sacerdotes imitadores de Cristo, advogados

Desafios da sociedade contemporânea

caridosos, médicos modestos, filósofos que conheciam a si mesmos, nobres honestos, mercadores que não mentissem e magistrados que nunca se corrompessem. Queria tentar o possível, com penas severas aos infratores: mãos cortadas a sacrílegos, morte a adúlteros e trabalho escravo para ladrões. Era realista como Maquiavel, para quem é máxima do demagogo que homens bons produzem boas leis. Para o legislador, as boas ordens é que fazem homens bons.

O pensamento utópico supõe sociedade de abundância: passar do reino das necessidades para o da liberdade; substituir a desordem – o mercado – por organização consciente e planejada da produção social; deixar florescer as capacidades humanas, fazendo triunfar a ajuda mútua e a solidariedade sobre o egoísmo da sociedade mercantil. Em suma, socialismo com democracia participativa. Esse modelo naufragou com o socialismo real. Mas teria sido a Revolução Russa de 1917 uma utopia? A experiência bolchevista virou uma tentativa fracassada de realização de um ideal em condições históricas dadas. Já do final do século XX para nossos dias o pessimismo se acentuou com a direção selvagem do progresso e o descobrimento do lado perverso das novas tecnologias.

Buey resgata em Ernst Bloch a utopia como princípio regulador do real, parte substancial do pensar humano. A razão não pode florescer sem esperança, nem a esperança pode falar sem a razão. Já para Bernard Shaw, há quem observe a realidade tal qual ela é e se pergunte *por quê*? E há quem a observe como ela jamais foi e se pergunte *por que não*? Mas pode uma boa utopia, que não seja mera ilusão, enunciar mais do que máximas morais ou tendências essenciais?

Um outro mundo talvez seja possível. E é o exercício da utopia, negando o narcisismo, o que nos obriga a olhar em direção a uma sociedade menos injusta. Assim como a esperança, a utopia não morrerá nunca. Mas seu destino parece sempre fazer morada em outro lugar. Por isso utopia quer dizer *nenhum lugar*.

11
Ética e propaganda[1]

Na ordem econômica atual, que tem garantido vitalidade à lógica da acumulação capitalista, a função da propaganda é criar continuamente novos objetos de desejo. Sendo assim, faz sentido cobrar ética da propaganda?

Vamos examinar exemplos concretos. O mais recente confronto entre privacidade e propaganda envolve alguns provedores de internet, agora incluindo serviço telefônico gratuito, que exigem o direito de invadir em tempo real todo o conteúdo da comunicação com anúncios de produtos e serviços que têm a ver com o assunto da interlocução. Ou seja, joga-se no lixo o sigilo da comunicação em troca de propaganda. Eis a justificativa de uma das empresas líderes do ramo: "Nós percebemos que, enquanto falam ao telefone, as pessoas fazem alguma coisa a mais. Decidimos usar isso". E arremata: "Trocar mais personalização com menos privacidade é um conceito aceito no mundo atual". Quanto à violação do sigilo, diz: "Não estamos fazendo nada mais do

---

1 *Folha de S.Paulo,* 28/1/2008.

que aquilo que grandes provedores já fazem com *e-mails*". Um executivo de uma das maiores agências de propaganda do mundo diz: "Reconheço que estamos ficando mais intrusivos a cada avanço tecnológico. Mas eu adoraria poder pôr minhas mãos nesses dados de conversas". O sistema está pronto para ser implantado em telefones celulares. Outro exemplo é a recente propaganda de lançamento de veículo relacionando assessórios sofisticados que o acompanham. O último da lista: "Loira siliconada no banco de passageiro". E a provocação: "Não quer mais nada não, né?". Outra montadora, em amplas páginas coloridas de revistas e jornais de grande circulação, mostra uma mansão protegida por bela vegetação. Nas páginas duplas seguintes ela foi destruída por uma tesoura de jardineiro e o buraco exibe novo modelo de um utilitário de luxo com a legenda: "Você vai fazer tudo para exibir o seu!". Valores? Loira siliconada e destruição da natureza. Mais outro. Grande banco exibe enorme anúncio em que aparece uma linda menininha de 2 anos. Ela acaba de rabiscar uma nobre parede de madeira com desenhos infantis e a logomarca da empresa. Mensagem: "Você sabe o que vai precisar amanhã? Fique tranquilo. Nosso banco já está pensando nisso hoje". Valores? Um clientezinho seduzido. Finalmente, uma das líderes globais em produtos de superluxo publica, em páginas inteiras nas principais revistas e jornais do mundo, a enorme propaganda com Mikhail Gorbatchev, o controvertido líder que apressou a queda do império soviético, sentado no banco de trás de uma limusine, que tem ao fundo o Muro de Berlim. Ao lado de Gorbatchev, uma elegantíssima sacola de viagem da grife. A imagem é feita pela famosa Annie Leibovitz. Entrevistado, um dos donos da marca, que pediu fotos semelhantes com Catherine Deneuve e outros famosos, explica: "Foi uma escolha natural. Queríamos

Desafios da sociedade contemporânea

uma personalidade que viveu uma vida plena e mudou as coisas no mundo". "Ficamos espantados quando Gorbartchev aceitou fazê-la com tanta satisfação", arrematou. E concluiu, candidamente: "Todos aspiramos a algo melhor. Alguns podem se oferecer isso já; outros, não podendo obtê-lo agora, vão sonhar com isso e conseguir realizar seu desejo mais cedo ou mais tarde". Desnecessário dizer mais qualquer coisa sobre a propaganda como construção de objetos de desejo. Essa mesma grife havia colocado, meses antes, imenso *outdoor* com foto de sua mala de viagem cobrindo toda uma fachada em Xangai. Um fotógrafo clicou-a enquanto um chinês muito pobre passava carregando nos ombros, qual canga de boi, duas pesadas latas d'água.

Estamos destruindo um esquema de valores que, bem ou mal, punha algum limite entre o interesse público e a ganância privada. Para onde caminhamos? Uma pista é um novo lançamento residencial no distrito financeiro de Manhattan. As paredes do edifício, todas de vidro, permitem que seus moradores se vejam na intimidade e sejam vistos, eventualmente sem restrição, por pessoas da rua; inclusive do banheiro, um cubo de vidro. A propaganda, na voz do arquiteto: "Estamos criando palcos para as pessoas de certa maneira atuarem". Para Sherry Turkle, do MIT, quando levantamos os olhos das telas de plasma de nossos computadores só encontramos solidão. Trata-se, no caso, de um desejo desesperado de intimidade que a propaganda manipula confundindo exibicionismo com aproximação. Enfim, ética supõe valores. Quais são os valores da propaganda?

12
A ilusão do progresso[1]

Este final de século, com suas profundas contradições, nos remete à relatividade da ideia de progresso. Comunicação instantânea global e computadores de bolso com megamemória convivem com ordas de famintos africanos e mendigos das metrópoles modernas. Pacotes turísticos internacionais lotam jumbos que cruzam o espaço, prometendo novidades e emoções, como a tentar imprimir uma leitura real à imensa descarga de imagens virtuais das telas de TV. As conquistas da medicina e a melhor alimentação elevaram sensivelmente a vida média do homem; mas a Aids mata com crueza e a tuberculose voltou a ser quase epidêmica. Afinal, obtivemos progresso? Ou estamos todos contaminados pela cruel dúvida de Robert Musil, em seu *O homem sem qualidades*, quando lembra que "falta ao mesmo tempo tudo e nada; uma doença misteriosa devorou a pequena genialidade dos velhos tempos, mas tudo cintila de novidade e, por fim, não se sabe

---

1 *O Estado de S. Paulo*, 30/11/1996.

se o mundo realmente ficou pior ou se apenas nós ficamos mais velhos".

Um dos ícones dessa virada de milênio parece ser a conquista tecnológica. O fascínio de um novo carro compensa as horas perdidas no engarrafamento do trânsito. As quinquilharias eletrônicas compactas dão a ilusão de ampliar os espaços cada vez menores das moradias. Em vez de jogar futebol com amigos no campo de várzea da esquina, o homem moderno se refestela, com pipoca e chocolate, diante da televisão para assistir a uma partida ao vivo do campeonato alemão.

De alguma forma a ideia de progresso sempre esteve associada a inovações. Minha família conta sobre um bisavô suíço da virada do século passado que, ao ver uma locomotiva a vapor, exclamou perplexo: "Acabou. Não é possível inventar mais nada". Mas o avanço tecnológico é marcado por impasses. A sociedade do consumo privilegia, como valor supremo, produtos mais baratos e de melhor qualidade. E nós, consumidores, sancionamos esse valor com nosso aplauso de compradores ávidos. Como consequência, o desenvolvimento tecnológico privilegia eficácia, produtividade e automação radical. Consequência: os que permanecem empregados ganham cada vez mais, mas a expansão da atividade econômica acabou de vez com a ilusão de algo próximo do pleno emprego. Num mundo de espaços delimitados, onde já não existem árvores frutíferas à mão ou caça que vagueie livre por campos abertos – bens "sem dono" prontos para saciar a fome – quem não tem emprego está quase à margem da vida. Em compensação, a mesma economia global que exclui pelo desemprego, cada vez mais inclui novos contingentes de consumidores quando barateia seus produtos e garante que novas pessoas deles usufruam. É o que ocorre hoje com as grandes corporações transnacionais de bens de consumo,

Desafios da sociedade contemporânea

com sua estratégia voltada à expansão dos mercados mais pobres da Ásia e da América Latina.

A comunicação em tempo real espalha globalmente todas as pequenas catástrofes e comportamentos individuais hediondos de qualquer pequena aldeia do globo. Há pouco mais de duzentos anos, Robespierre, que estava em Arras – a cento e poucos quilômetros de Paris –, levou vinte dias para saber da queda da Bastilha. Hoje a mulher que corta o pênis do marido no interior de São Paulo ou o pedófilo belga que mata quinze crianças e as enterra no quintal são manchetes instantâneas em todos os noticiários do mundo, inovando e multiplicando referências de crueldade e desvio. E a imprensa moderna, mais preocupada com o deslize que com o fato, esquece-se de nos lembrar dos milhares de gestos de solidariedade e afeto que, a todo instante, estão suportando a lógica do viver coletivo e viabilizando que nossa civilização não pereça.

Estamos diante das contradições de sempre. As grandes guerras do passado parece que se foram. Os pequenos e graves conflitos regionais, étnicos e tribais estão, porém, em toda parte. Para não esquecer da "guerra" diária da sobrevivência nas metrópoles modernas. A ideia do Estado de bem-estar, responsável pelo mínimo de padrão de vida a seus cidadãos, mostrou-se paternalista, utópica e ineficaz. Mas nada surgiu em seu lugar. E a poluição ambiental, nova e bela bandeira erguida na tentativa de preservar o nosso pequeno planeta azul para as gerações futuras, avança trôpega em meio ao despejo da fumaça pestilenta de centenas de milhões de veículos, a encharcar os pulmões de nossos filhos pelas cidades do mundo afora.

Afinal, o que é progresso? Certamente ele deve ter a ver com uma certa "qualidade" de vida média. Ou com uma melhor distribuição da riqueza entre os habitantes do planeta. Quem sabe esteja ligado à conquista científica, que permite uma fugaz sensação de transcendência e onipotência. Ou talvez a ideia de progresso não seja nada mais que uma sensação de movimento, uma sucessão de pequenos desafios que inclui avanços e recuos em busca de uma ideia quimérica de felicidade. Aparentemente tênue; mas tão vital que fez Fausto vender sua alma em vão.

13
Um dia, disparou os mísseis[1]

A sociedade moderna pode acabar pagando caro por certas incoerências e hipocrisias. A globalização da mídia eletrônica tem espalhado os apelos e os ícones da sociedade de consumo por centenas de milhões de pessoas. A propaganda sedutora, o seriado de TV, o programa de auditório das tardes de domingo e o filme da moda invadem dos lares miseráveis às enormes mansões, despejando valores e padrões de comportamento. E as consequências têm sido graves.

A criança e o jovem parecem ser as maiores vítimas desse enorme massacre de imagens a que são submetidos várias horas por dia. Vida agitada, ausência dos pais, dificuldade no trânsito, violência das ruas, queda do poder aquisitivo, todos esses fatores têm levado a uma crescente exposição deles à TV. Já não brincam mais nas ruas e calçadas. Quase não enxergam a lua e as estrelas. Há quarenta anos, as famílias ainda passeavam pelo quarteirão do bairro, após o jantar. Hoje, o limite do seu território de lazer são os *shopping*

---

1 *O Estado de S. Paulo*, 22/7/1996.

centers. Os adultos chegam tarde, exaustos. A aventura fica por conta da tela da televisão.

Submetida à tirania da audiência, a mídia eletrônica moderna é especialista em violência, frenesi, contextos macabros e *serial killers.* Um dos bons exemplos de conteúdo perverso da produção da indústria cinematográfica global é *O anjo malvado.* O consagrado garoto Macaulay Culkin, do *Esqueceram de mim,* personifica um menino inverossímil, que mata, ameaça, aterroriza e acaba sendo abandonado à morte pela própria mãe, forma ensandecida que encontrou o roteirista de fazer o bem prevalecer sobre o mal. Visto por milhões de crianças e jovens em todo o mundo, explora com descaramento quase todos os sentimentos que lhes possam aprisionar a atenção, fabricando um coquetel explosivo de delinquências. Ensina, até, como qualquer criança pode provocar um grande acidente e várias mortes jogando um inocente boneco de pano – vestido de homem – do alto de uma passarela, sobre uma autoestrada.

Essa mesma sociedade moderna, que elabora milhares de filmes como esse, cria penas severas, reformatórios e – mais recentemente – até pena de morte para a criança que, estimulada em suas neuroses, comete um crime semelhante.

Ao lado da violência mais banal e gratuita, vicejam *tapes* pornográficos vulgares, multiplicados pela quase centena de canais disponíveis nos novos sistemas por satélite ou cabo, banalizando e, muitas vezes, pervertendo a força da sexualidade. Pois essa mesma sociedade, que os cria, quer transferir aos pais o poder – e o dever – de censurar todo esse lixo, obrigando a indústria de aparelhos de TV a introduzir equipamento sofisticado e caro que permite bloqueio de programas e canais. Como pedir isso aos sobrecarregados pais modernos? Que tempo e que condição terão eles?

Desafios da sociedade contemporânea

O mesmo se dá com a propaganda. Cada vez mais sofisticada e subliminar, induz ao fumo e à bebida com apelos irresistíveis. Ela prova ao adolescente que, se não usar um tênis ou calça de marca global, nem namorada terá. Não será ninguém. As pesquisas têm mostrado que, no jovem pobre, a maior razão para o trabalho é dinheiro para comprar essas vestes sem as quais não se penetra no santuário moderno. O apelo é tão grande e profundo que, não conseguindo, muitos optam pela marginalidade para manterem-se "cidadãos" desse estranho mundo. No caso do cigarro, a hipocrisia é fantástica. Milhões de dólares de propaganda e a faixinha branca idiota obrigando a avisar que ele faz mal à saúde. Agora é a vez da proibição em lugares públicos e fechados. Proibir por proibir, que tal logo fechar as fábricas? Péssima solução, mas, pelo menos, coerente. E quando a criança salta do topo do edifício imitando o herói da propaganda do achocolatado, essa mesma sociedade diz: coitadinha, era meio perturbada.

A ditadura da mídia comercial parece contaminar a todos. Até a TV educativa não é imune a ela. A TV Cultura de São Paulo, modelo de excelência e qualidade, interrompe seus filmes, por opção, com vários intervalos comerciais. Quebra-lhes o clima e polui o seu contexto artístico, não porque o patrocinador exija. Preenche-os com material de propaganda da própria emissora. Há alguns anos perguntei a razão ao então presidente da Fundação Padre Anchieta. A resposta: "o telespectador está tão viciado com a televisão comercial que gosta de paradas para comer pipoca, pegar a cerveja ou fazer pipi".

A sociedade global precisa enfrentar o complexo tema da qualidade da produção televisiva e, agora, da maravilhosa e assustadora internet. Faz-se urgente uma profunda reflexão mundial, envolvendo educadores, psicólogos, indústrias e governos. A questão não é de censura, mas de conceito. O mercado precisa ser respeitado, mas é preciso inseri-lo dentro de um espaço de ética. Caso contrário, um dia poderemos ser vitimados pela explosão da maravilhosa e sofisticada sociedade global por um de seus cidadãos, governante ou militar, que passou boa parte do tempo, quando jovem, a comprimir o botão de seu controle remoto – ou a tecla de seu micro – em busca de valores e referências. Só encontrando violência e perversão, imaginou que esse era o padrão ético que dele se esperava. Um dia, disparou os mísseis.

14
Estado, violência e legitimidade[1]

A velocidade com que se espalha a violência em nossa sociedade está espelhada nas estatísticas sobre assaltos, roubos de automóveis, massacres na periferia e resgates de presos por bandos armados. Ela tem a ver, entre outras razões, com a crescente incapacidade do Estado de dotar-se de instrumentos mínimos para seu controle: qualidade, quantidade e coordenação das forças policiais; condições de manter presos – e com o mínimo de dignidade – os condenados; e redução da exclusão social.

Para compreender os riscos que essa situação acarreta é útil ir buscar nas ciências sociais as investigações sobre as três categorias de poder: o político, o ideológico e o econômico. A História nos mostra que o monopólio da força é condição básica para a existência do Estado como poder político, definido por Max Weber como aquele que detém o "monopólio da força legítima". O Estado pode renunciar ao poder ideológico, como ocorreu com a separação entre

---

1 *O Estado de S. Paulo*, 21/10/2000.

Estado e igreja; pode renunciar ao poder econômico, como o fez o Estado liberal e do *laissez-faire*; mas não pode renunciar ao monopólio do poder coercitivo sem cessar de ser um Estado. Isso significaria o retorno à luta sem regras, à guerra de todos contra todos, ao império da força individual mais poderosa. Também para Hobbes é atributo essencial do Estado o controle da paz interna, protegendo a vida dos indivíduos que nele confiaram. O poder econômico, como dono do capital, mantém o controle dos meios de produção que lhe permite obter trabalho em troca de salário; o poder ideológico baseia-se na influência que ideias de pessoas ou grupos têm sobre a conduta da sociedade; o poder político, no entanto, funda-se na posse de instrumentos pelos quais se exerce a força, teoricamente em benefício da sociedade. Para Bobbio, todas as três formas de poder instituem e mantêm coesa uma sociedade sempre constituída de desiguais, dividida que é entre classes econômicas, níveis de conhecimento, fortes e fracos. No entanto, o uso da força é uma condição necessária, mas não suficiente, para a existência do poder político. O governo de plantão deve deter a exclusividade do uso dessa força em relação a todos os grupos que agem em um determinado contexto social. E seu uso pelo Estado precisa ser considerado legítimo pela maioria. Por aceitarem essa legitimidade, os indivíduos renunciam ao direito de usarem cada qual sua própria força, para entregá-la nas mãos de um Estado que será o único a poder utilizá-la no interesse deles.

Pois bem, os grandes países da periferia do capitalismo estão acuados com o nível de violência nas suas sociedades. A principal razão dessa situação são as tensões causadas pela crescente concentração de renda e exclusão social de grandes contingentes populacionais urbanos e rurais, convivendo com uma mídia global que valoriza o comportamento antissocial

Desafios da sociedade contemporânea

e estimula padrões de consumo que poucos podem ter. Os Estados nacionais e os partidos políticos estão perdendo legitimidade e capacidade de mediação dessas tensões utilizando os controles tradicionais. É o que ocorre atualmente no Brasil e em muitos outros países do mundo na questão da violência urbana, rural e das drogas.

É interessante fazer-se um paralelo entre o comportamento dos adolescentes infratores das grandes metrópoles periféricas e, por exemplo, os jovens pistoleiros das guerrilhas curdas de 1993, ou nos recentes conflitos civis na Bósnia e na faixa de Gaza. Para todos esses jovens, portar uma arma significa um rito de passagem para a adolescência: o menino com a arma na mão passa a se sentir como homem. No entanto, Eric Hobsbawm lembra que a maioria dos europeus a partir de 1945, inclusive nos Balcãs, viveu em sociedades em que os Estados desfrutavam o monopólio da violência legítima. Quando eles se esfacelaram, o mesmo aconteceu com esse monopólio. Para parte da sociedade, especialmente entre os mais moços, o caos resultante desse colapso adicionado em alguns casos ao aliciamento do tráfego de drogas propicia – lá e aqui – a oportunidade de entrar num paraíso de violência fortemente erotizada em que tudo parece permitido pelo uso da força. Para esses grupos perigosos, constituídos por jovens desesperançados e sem perspectivas – desenraizados entre a puberdade e o casamento –, não existem mais limites para o seu comportamento. A violência passa a ser a regra de conduta. Em tese o conflito social atual – pressão dos excluídos (desempregados, pobres, crianças de rua, jovens carentes ou infratores e condenados) sobre os incluídos – pode ser controlado mediante certas válvulas de segurança como tantos outros conflitos plebeus urbanos o foram em cidades pré-industriais. Mas, para tanto, é preciso institucionalizar mecanismos através dos quais o Estado controla esses conflitos e legitima a ordem social, mantendo-se ostensivamente fora deles (o rei distante como "fonte de justiça"). Para isso são necessários sistemas judiciários e penais eficientes e, no caso dos jovens, "rituais de rebelião" aceitáveis pela sociedade que permitam canalizar positivamente a agressividade inevitável desses períodos de passagem para a idade adulta. São esses mecanismos institucionais e políticos que perpetuam uma sociedade que – de outro modo – poderia ser esfacelada por suas tensões internas. O Estado, no entanto, pode perder essa capacidade de mediação se for percebido envolvendo-se simplesmente numa "conspiração dos ricos em seu próprio interesse".

Esse é um dos grandes perigos que as sociedades dos grandes países da periferia do capitalismo têm que enfrentar atualmente. Com dificuldades para mostrar que estão a serviço da maioria, gerando crescimento econômico, emprego e melhor distribuição de renda – portanto, oportunidades – e não mais controlando a exclusividade e a legitimidade do seu poder de coerção, esses Estados estão em crescente dificuldade para exercer seu papel harmonizador entre desiguais. Para além de eventuais discursos demagógicos de épocas eleitorais, é preciso muito cuidado e ação, pois as tentações autoritárias se apoiam na fraqueza dos Estados democráticos em legitimar o monopólio de sua força.

15
Paradoxos do capitalismo[1]

O longo caminho percorrido pelo capitalismo até o que hoje se batizou *economia global* é uma sucessão infindável de vitoriosos e cadáveres, ao melhor estilo da metáfora schumpteriana da destruição criativa. Esse sistema foi se firmando progressivamente durante o século XX e, no confronto direto com uma alternativa socialista, acabou – como grande vencedor – impondo sua hegemonia. No entanto, foram poucos os pensadores do século XIX que puderam antever tamanho sucesso. Entre eles destacam-se Friedrich Hegel, Max Weber e Karl Marx. Fascinado com a magia de um sistema que ele achava poder combinar o gozo do trabalho individual com o benefício coletivo, Hegel dizia: "Não há alternativa! Estaremos realmente destinados a viver para sempre sob o encantamento do sistema global do capital". Já Weber admirava a diáspora calvinista como o viveiro do capitalismo. E lembrava as máximas de Benjamin Franklin como uma profissão de fé ianque que expressava a essência do

---

1 *O Estado de S. Paulo*, 21/08/2001.

espírito capitalista, uma espécie de filosofia da avareza que confundia o homem digno de crédito com aquele que tinha crédito e valorizava o aumento das posses como um dever. Não que a cobiça, a velhíssima *auri sacra fames* (sagrada fome do ouro) fosse menor no mandarim chinês ou no comandante holandês que – por ganância – estava disposto a varar o inferno, mesmo ao preço das velas em chamas; mas Weber percebeu o *espírito capitalista* transformando-se num *fenômeno de massa* que deu origem a um sistema econômico vitorioso e avassalador. Para tanto, foi necessária a existência de um excedente populacional alugável no mercado a preço vil, coisa que nunca faltou ontem e hoje. Dizia ele:

> Atualmente a ordem econômica capitalista é um imenso cosmos em que o indivíduo já nasce dentro e que, para ele, ao menos enquanto indivíduo, dá-se como um fato, uma crosta [...] dentro da qual tem que viver. Esse cosmos impõe ao indivíduo, preso nas redes do mercado, as normas de ação econômica. O fabricante que insistir em transgredir essas normas é indefectivelmente eliminado, do mesmo modo que o operário que a elas não possa ou não queira se adaptar é posto no olho da rua como desempregado.

As primeiras investigações sobre o capitalismo, feitas por Adam Smith em meados do século XVIII em *A riqueza das nações*, já antecipavam a longa rota de sucessos e perversões desse sistema econômico. Entre o nascimento de Adam Smith, em 1723, e a morte de Karl Marx, em 1883, o capitalismo firmou-se como norma estabelecida do modo de produção dominante. Menagh Desai esquadrinha a obra de Marx para concluir ter sido ele um propagandista do livre-comércio e do fim das barreiras tarifárias; aliás, em seus textos, nunca

Desafios da sociedade contemporânea

defendeu o monopólio de um partido único e nunca afirmou literalmente que o Partido Comunista deveria guiar o proletariado. A necessidade de expandir constantemente o mercado para os seus produtos já impulsionava a burguesia da época à ampliação para os mercados mundiais. *O capital* continha duas ideias principais: a explicação do que fazia o capitalismo funcionar, ou seja, de como os lucros eram gerados pela exploração da *mais valia* dos trabalhadores; e indicações sobre o futuro provável do sistema. A famosa descrição contida no *Manifesto* é pura premonição do que viria a ser o capitalismo global:

> Com a exploração do mercado mundial, a burguesia deu um caráter cosmopolita à produção e ao consumo em todos os países. Para grande pesar dos reacionários, retirou de sob os pés da indústria o solo nacional sobre o qual ela existia. Todas as indústrias nacionais foram destruídas ou estão sendo destruídas diariamente. São deslocadas por novas indústrias [...] que não trabalham mais com as matérias-primas locais [...] e indústrias cujos produtos são consumidos não só naquele país, mas em todas as partes do mundo. [...] Em lugar do antigo isolamento e da autossuficiência local e nacional, temos um intercâmbio em todas as direções, a interdependência universal das nações.

Quanto à duração do capitalismo, no prefácio de *Contribuição à crítica da economia política*, Marx mostrou-se preciso:

> nenhuma ordem social jamais desaparece antes que todas as forças produtivas que acolhe se tenham desenvolvido; e novas relações superiores de produção nunca surgem antes que as condições materiais para a sua existência tenham amadurecido no seio da antiga sociedade.

Logo após sua morte, insistiu-se em afirmar que Marx previra o fim iminente do capitalismo, o que não parece fazer justiça à sofisticação de suas análises. O capitalismo sobreviveu e fortaleceu-se. Como bem recorda Desai, nenhuma das condições imaginadas como possíveis causas do fim do sistema pareceu poder detê-lo: a redução do consumo e a falta de mercados, a organização dos trabalhadores, a perda dos impérios coloniais, a escassez de petróleo e a ameaça proletária do Terceiro Mundo. Marx hoje não estaria surpreso com a vitalidade desse capitalismo que não desaparecerá até esgotar – se é que um dia esgotará – o seu potencial. O século XX foi uma brilhante e assustadora demonstração de sua força. No entanto, as profundas desigualdades e exclusões que o capitalismo global acarretou surpreenderiam certamente Hegel. Humanizá-lo virou o grande desafio do século XXI e a chave da sobrevivência da democracia. Boutros Boutros-Ghali sugere que, se não compreendermos a urgência dessa tarefa, as democracias poderão perecer; as correntes radicais terão sempre bons trunfos numa economia globalizada que intensifica frustrações, solapa a solidariedade e marginaliza multidões. No entanto, muitos insistem que não veem nada de errado na situação atual; outros assumem com realismo que não há outra saída e que o capitalismo funciona, sustentando sua lógica de acumulação nos seus ganhos sistêmicos e tecnológicos.

O fato é que, ao longo do último século, o capital invadiu e subjugou todos os cantos de nosso planeta. No entanto, ele se mostrou incapaz de resolver os graves problemas que as pessoas têm de enfrentar na vida cotidiana pelo mundo afora, agravando a concentração de renda, o desemprego e a exclusão social. O sistema capitalista escapa ao controle social porque surgiu no curso da história como uma poderosa

Desafios da sociedade contemporânea

estrutura "totalizadora" à qual tudo deve se ajustar, incluindo empregos, saúde, comércio, educação, agricultura, arte e indústria; a tudo, implacavelmente, ele impõe seus critérios de viabilidade econômica e custo-benefício. E nos deixa muito ansiosos por uma nova utopia.

16
Profetas e cientistas sociais[1]

Cientistas sociais são tidos como maus profetas. A maioria das suas previsões nas áreas econômicas e políticas tem sido infeliz: eles tornaram-se especialistas em explicar o que já passou e em errar previsões sobre o futuro. Embora a maioria dos cientistas sociais e políticos prudentemente não mantenha um bom registro de suas projeções, um famoso artigo para a revista *Science*, escrito por Deutsch, Platt e Senghors em 1971, relaciona as supostas 62 maiores realizações das ciências sociais, mas não inclui entre elas nenhuma previsão acertada sobre o futuro. Ora, já que a filosofia convencional das ciências sociais afirma ser tarefa do cientista a produção de generalizações passíveis de serem transformadas em leis, temos aí um caso no mínimo curioso. Nas chamadas ciências exatas, há leis aplicadas para condições conhecidas de tal modo a antever que, se tais condições se mantiverem, tais comportamentos se repetirão. Os que tentam justificar os erros dos cientistas sociais dizem que suas generalizações estão

---

1 *O Estado de S. Paulo*, 7/2/2004.

associadas a probabilidades, e que isso justificaria qualquer engano, enquadrando-o numa espécie de contraexemplo das regras e de suas exceções.

Para os iluministas, *explicar* é criar uma regra de comportamento olhando para trás; já *prever* significa invocar essa regra para saber do futuro. Assim, para eles, quando o bom economista erra grosseiramente em sua previsão sobre PIB e inflação de um determinado ano, ele está simplesmente submetido ao mesmo acidente de um astrônomo que não foi capaz de prever um eclipse! Já Maquiavel introduz na questão o conceito de *fortuna*, quer dizer, por melhores que sejam os estoques de generalizações acumuladas, o acaso é inextinguível na vida humana. Por meio de aprimoramentos e investigações, podemos diminuir os efeitos das traquinagens afortunadas ou desafortunadas da deusa tirana, mas jamais eliminá-los. Quanto mais pessoas e situações envolvidas, mais a multiplicação das probabilidades de desvio pode gerar um grande erro. Uso para exemplo o caso do futebol. Sua magia reside justamente no acaso, que realiza continuamente seus estragos na previsão sobre os favoritos. Como torcedor de time pequeno – o Guarani, de Campinas (SP) – sempre utilizei a meu favor as surpresas da *fortuna*. Além do único campeonato brasileiro que conquistamos em 1978, o que não é nada trivial, há um outro fato inesquecível que – em conjunto com o gostinho da taça – basta para fazer minhas alegrias. Anos 1950, época do Santos campeão de Coutinho, Pelé e Pepe; e da TV Tupi em preto-e-branco, com o indiozinho da abertura da transmissão. Jogavam Santos e o timeco do Guarani na Vila Belmiro; e haveria transmissão direta no sábado à tarde. Para mim, certeza da derrota: só faltava conferir o tamanho do vexame. Pois bem, no primeiro minuto de jogo, em lance absolutamente acidental, sobra a bola para o centroavante do meu time, com o gol livre à frente: 1x0. Mais dois minutos, pênalti infantil de um famoso – mas distraído – zagueiro santista sobre um perna de pau bugrino: 2x0. Para resumir, imprevisíveis e absurdos 5x2 para o Guarani. Veja-se o que pode acontecer quando estão envolvidos 24 jogadores, mais 10 reservas, técnicos, juiz e bandeirinhas, torcida, sorte e azar. O suficiente para permitir resultados malucos quando a probabilidade se concentra num evento só.

Alasdair MacIntyre aponta quatro fontes de imprevisibilidade nos assuntos humanos. A primeira provém da natureza da inovação radical. Ele usa o exemplo de Karl Popper sobre um diálogo entre dois indivíduos da Idade da Pedra. Um deles prevê que a invenção da roda está próxima. O outro pergunta: "O que é roda?". O primeiro explica descrevendo o aro, os raios, um anel e um eixo. De repente, para espantado e pensa: "Ninguém mais vai poder inventar a roda, porque acabo de inventá-la". Afinal, parte da previsão da invenção radical é dizer no que ela consiste. Portanto, *insights* geniais são rupturas, e não se pode antecipá-los. A segunda fonte é a imprevisibilidade sistemática. Não posso prever meus atos futuros enquanto eles dependerem de decisões que ainda não tomei. E esses atos têm influência sobre atos de outros – e vice-versa – num encadeamento sem fim de possibilidades que tornam a previsão do resultado final muito difícil. A terceira fonte é o caráter próprio da teoria dos jogos, quando aplicada à vida social. Os jogadores têm interesses e motivações distintos e subjetivos; e ganhar nem sempre é o maior deles. Mas há outros fatores. Os EUA fracassaram no Vietnã, entre outras razões, porque seus estrategistas utilizaram dados falsamente otimistas de seus próprios serviços de segurança. Finalmente, a terceira fonte de erro seria a pura contingência: o montículo de toupeira que matou Guilherme III, ou o resfriado de Napoleão em Waterloo que fê-lo passar o comando para Ney, que teve uma crise de nervos porque balearam seus quatro cavalos, atrasando em duas horas o envio da Garde Impériale. Ou, mergulhando na *petite histoire*, a falta de um programa de sábado à noite me levou, aos 21 anos de idade, a um baile de formatura que eu não tinha o menor interesse em ir, que me permitiu a sorte de conhecer minha atual e única esposa, que tinha brigado com seu namorado. E assim por diante. São os infinitos pequenos incidentes e acasos que mudam a todo instante as histórias de pessoas, famílias e nações.

Claro que tudo isso – ao invés de fazer-nos abandonar a ideia de influir, planejar e, portanto, prever – mais nos anima a sofisticar os instrumentos de previsão para, no mínimo, errar um pouco menos que os outros. Estatística, econometria e outras ferramentas matemáticas aplicadas às ciências humanas nos ajudam, desde que estejamos sempre cientes de suas profundas limitações. Note-se quanto avançaram, apesar de todas as falhas, as previsões eleitorais; mesmo nesse caso, persiste a dúvida do quanto as próprias pesquisas fazem a cabeça dos pesquisados, induzindo eleitores a um certo resultado durante o processo até o voto.

É a imprevisibilidade, condição da vida humana, que a torna tão emocionante e arriscada como o futebol; e faz todos os nossos projetos e planos permanentemente vulneráveis. No entanto, para muitos de nós, a capacidade de planejar e envolver-se em projetos de longo prazo é condição necessária – embora longe de suficiente – para a busca de um sentido na vida. O desafio é tentar aprender com a experiência e o erro, mesmo quando dolorosos, parando de cobrar das ciências humanas – entre as quais a economia, que de exata pouco tem – um rigor de previsão que lhes é estranho e impossível de obter.

17
Variações sobre o tema global[1]

O nascimento da consciência global talvez tenha ocorrido na primeira viagem espacial, com a belíssima percepção de Gagarin: "A Terra é azul". Hoje a globalização nos atropela e estimula, ao mesmo tempo mágica e banal, esperançosa e trágica. As irresistíveis tendências ao global, decorrência das novas tecnologias e lógicas de produção, geram pretextos para práticas e discursos oportunistas como o neoliberalismo e antinacionalismo. O neoliberalismo aproveita-se da globalização para livrar o capital das obrigações sociais da garantia de emprego e dos programas compensatórios. Já o antinacionalismo insiste no novo lema "nacionalismo, nunca mais"; ou seja, a intervenção estatal é sempre perversa. Porém, uma visão globalista ou cosmopolita que suportasse uma verdadeira globalização deveria nos permitir um olhar solidário e alarmado para esse nosso planeta que podemos destruir e, no entanto, desejamos salvar.

---

1 *O Estado de S. Paulo*, 5/2/2005.

Desde sempre o homem buscou elevar-se acima do rumo irracional e caótico dos acontecimentos, emancipando-se para construir e dominar sua própria história. Animal dotado de consciência, ele não pode negar seu passado nem deixar de fazer contínuas escolhas, inclusive aquelas que podem levar à sua aniquilação. A história das pessoas e dos povos é uma luta de vida e morte pelo reconhecimento e pela diferenciação, pelo triunfo sobre a angústia da morte. Como lembra o filósofo alemão Rüdiger Safranski, por esse reconhecimento se põe a vida em jogo apenas para vingar uma ofensa, corrigir uma fronteira ou defender uma bandeira. A luta pelo reconhecimento aspira à obtenção de uma diferenciação em favor de si próprio. As histórias antigas narram enredos dramáticos que surgem por causa das diferenças entre os homens, terminando sempre em guerras e conflitos que podemos reduzir, mas nunca eliminar. Somente numa perspectiva cósmica somos capazes de olhar para nosso planeta com pensamentos reconciliadores e compassivos. Não é à toa que vários astronautas acabaram se transformando em ativistas defensores do meio ambiente. Como é difícil, suportamos uns aos outros – e nossas diferenças – nesse pequeno planeta, única morada comum que possuímos.

Kant achava que a paz perpétua iria ser garantida pela evolução democrática, a força civilizadora do comércio e a importância crescente da opinião pública. Mas, se não foram Estados democráticos que começaram as duas grandes guerras, vários conflitos sangrentos como os do Vietnã, do Golfo e do Iraque foram conduzidos pela inconteste democracia norte-americana, apoiada por outras grandes nações democráticas. A própria ideia de nação – produto da época democrática – fez viável uma grande movimentação das massas a serviço das guerras. Quanto ao espírito do comércio,

Desafios da sociedade contemporânea

está cabalmente demonstrado ser ele uma luta entre forças desiguais, que privilegia principalmente os mais fortes. Já a opinião pública tem seu peso altamente influenciado pelos meios de comunicação e pelo *marketing*, que a condiciona e atrela a múltiplos interesses, tendo conseguido tirar dela fortes apoios a guerras ilegais. Basta lembrar a ficção das armas de destruição em massa no Iraque.

A primeira forma de nos referirmos ao todo foi o globalismo, sucedido pelo cosmopolitismo, este sim contendo a ideia de uma grande abertura. Diógenes, filósofo cínico, utilizou essa expressão para significar habitante do *kosmos*, em contraposição ao habitante da sua cidade, Sinope. O cosmos era o grande espaço ao qual pertenciam todos os homens, uma espécie de refúgio às leis da *polis*. Dante, quando lhe convinha, intitulava-se poeta cosmopolita, para quem a pátria era o mundo. Mas o *kosmos* era para sonhar e formular, não para habitar. Podemos pensar como cosmopolitas, mas só temos espaço para atuar como patriotas ou cidadãos. Na globalização atual o capital é cosmopolita, sua pátria é onde ele pode render bem. Também são cosmopolitas os grandes jogadores de futebol e os astros da música. No entanto, os trabalhadores em geral continuam locais, impedidos de circular livremente pelo mundo global. A globalização contemporânea estreita os espaços em vez de ampliá-los; cria problemas sociais e ambientais e não assume as responsabilidades decorrentes. A comunidade global de informação faz com que o conjunto de estímulos que recebemos ultrapasse de forma espantosa nosso círculo possível de ação. Diante disso, como diria Goethe, ficamos "distraídos", mas com uma distração excitada, como após uma explosão. As mídias nos golpeiam de dentro, favorecendo uma histeria latente e um estado de pânico. O sistema global torna tudo instantâneo, mostrado como se estivesse acontecendo na esquina de cada casa, minuto a minuto, em tempo real: o Onze de Setembro, os conflitos sangrentos no Iraque e a insensata tortura de prisioneiros, o maremoto asiático.

Mas há esperanças. A modernidade europeia – que havia sido construída sobre liberdade de opinião e de consciência, tolerância, justiça e incolumidade corporal – acabou se transformando em cenário de grandes desastres no século XX: duas guerras brutais, nazismo, stalinismo e genocídio em massa. Agora, sobre os escombros da Guerra Fria, ela tenta se superar e construir a bela e ousada experiência da União Europeia; se der certo, vai se justapor à nação hegemônica norte-americana que, de heroína dos dois grandes conflitos, transformou-se temporariamente em foco de intolerância e dissenso mundiais.

18
Eleições e representação popular[1]

O sistema democrático dá conta de representar a opinião pública? Em tese, eleições rotineiras garantiriam a conexão entre democracia e representação. Se essas eleições são livres, se a participação é ampla e se os cidadãos têm liberdade política, supõe-se que os governos se moverão escolhendo políticas a favor da população. Assim, teríamos algo parecido com uma assembleia direta na Grécia Antiga ou nos pequenos cantões suíços, com as sucessivas votações garantindo aprovação ou rejeição da prestação de contas do governo de plantão. Na prática, no entanto, os políticos parecem ter valores e objetivos próprios: eles tomam decisões sobre assuntos que seus eleitores não conhecem e cujos resultados só conseguirão avaliar no médio prazo.

A reunião de cavaleiros e burgueses com o rei e os lordes no Parlamento inglês começou, lembra Hanna Pitkin, por conveniência administrativa e política dos reis. Suas comunidades lhes pagavam para dar consentimento à cobrança de tributos,

---

1 *O Estado de S. Paulo*, 16/9/2006.

bem como trazer e levar informações, e eles acabaram por ser chamados de membros do Parlamento. Nas crises, quando não houve um rei ao qual se opor ou com quem consentir, eles acabaram por governar.

Nas democracias representativas atuais, os políticos têm como missão tornar presente ou manifesto – no sentido latino de *repraesentare* – o interesse daqueles que os elegeram. No entanto, muitas vezes o deputado ou senador é agente de fins privados, distantes da conexão do seu eleitor. Órfão da sua própria representação, o cidadão não é admitido nos assuntos de governo. Por isso, Hannah Arendt via o povo ou afundando numa "letargia precursora da morte da liberdade pública" ou devendo "preservar o espírito de resistência" diante dos governos, já que o único poder que conservaria seria a "reserva da revolução". Esta última alternativa parece fora de moda nos tempos globais.

Se os eleitores acreditarem que os políticos são diferentes entre si, podem usar seus votos para escolher aqueles que parecem mais identificados com suas ideias. Para tanto há duas difíceis condições: as campanhas eleitorais dos candidatos precisariam refletir suas convicções; e, uma vez eleitos, eles deveriam procurar realizar sua plataforma. Mas, como sabemos, ou as ideias dos candidatos são pouco claras, ou seu compromisso com elas é volúvel, ou ambas as coisas. Além do mais, os assuntos públicos são hoje tão complexos e especializados que raros candidatos têm posição prévia sobre eles. E há os grandes *lobbies* e os interesses do capital que financiam as campanhas. Bernard Main acha que, quando uma empresa dá uma contribuição monetária a um candidato ou partido, ela espera, no mínimo, o mesmo valor em favores; caso contrário, os acionistas deveriam demitir os seus dirigentes.

Desafios da sociedade contemporânea

Para evitar excessiva concentração de poder em mãos de representantes tão volúveis, e trazer o povo para mais perto das decisões, há dois caminhos. Os representantes podem ser eleitos para mandatos curtos e específicos, para alterar a Constituição em temas debatidos na própria campanha; ou se pratica a democracia direta, em que contínuos plebiscitos podem tudo. Esses atalhos podem ser úteis, porque decidem soberanamente, mas radicalizam o desejo da maioria momentânea, apagando o passado e a correlação de forças. Por isso a democracia direta precisa ser praticada com cautela – ela pode gerar mudanças rápidas, mas instabiliza e aumenta o risco de guerra civil. Além disso, é facilmente manipulável por pressões e pela mídia, vindo a ser uma tentação para governos com tendências ditatoriais.

Eleições regulares deveriam garantir uma permanente articulação, adequadamente tensa e sujeita a contínuas negociações e ajustes, entre Estado e sociedade. Qualquer reivindicação de cidadãos ou grupos sociais que entram na arena política será munição para essa essencial contenda sem fim. A consolidação do sufrágio universal – durante o século XX – introduziu mais peso da opinião pública e da vida associativa no processo democrático, mas o fato é que a democracia representativa de origem liberal acabou por restringir a participação popular ao momento fugaz das eleições. Isso ajuda a gerar um sistema de organização do povo e da vontade da nação, mas não garante uma boa representação. Ainda assim, o direito do voto livre na democracia representativa faz mais do que evitar a guerra civil, pois livra o povo dos governos ruins pacificamente, transformando a opinião do povo em fonte de legitimidade. Mas as eleições também conferem poder representativo a uma classe de profissionais que adquirem autonomia temporária dos seus eleitores. Ou seja, como dizia Schumpeter, uma vez que elegemos um candidato, a sua atuação política passa a ser problema dele.

Platão dizia que a democracia é um sistema em que todos os cidadãos discordam do governo porque reivindicam voz ativa na resolução desse desacordo. Przeworski fala em democracia como lugar do conflito limitado, ou do conflito "sem assassinato", mas nunca do consenso. Mas nela os cidadãos devem concordar com certos princípios, entre os quais o de que vencedores e perdedores abrirão mão das armas, seja qual for o resultado das eleições. Na democracia representativa, a função principal dos partidos é integrar a multidão e a da política, projetar para os cidadãos uma perspectiva de futuro num processo tenso de convergência-divergência, mantendo o poder central em contínuo movimento de adaptação às pressões populares. É toda essa complexidade que fez a democracia representativa ser conhecida como o mal menor! Em 1º de outubro vamos tentar aprimorá-la de novo. A quem quiser meditar mais sobre o tema, sugiro o primoroso número da última *Revista Lua Nova* (Cedec).

19
O indivíduo venceu o cidadão?[1]

O indivíduo é o inimigo número um do cidadão. Tocqueville dizia que o cidadão procura seu bem-estar pelo bem-estar de sua cidade, enquanto o indivíduo não acredita na causa comum ou na sociedade justa; para ele, bem comum é cada um se virar ao seu modo. Para o indivíduo, a única função útil do poder público é garantir que cada um possa seguir seu caminho em paz, protegido em sua segurança física e na de suas propriedades. Mas, para isso, é preciso que ele e as outras pessoas tenham trabalho, que todos os bandidos estejam nas prisões e as ruas, livres de raptores, ladrões, terroristas e pervertidos. Obviamente, o poder público está cada vez mais longe de poder cumprir essa função.

Nas últimas décadas inventamos uma espécie de versão privatizada da modernidade, em que tudo é responsabilidade do indivíduo. Praticamente não há mais agenda coletiva; no máximo, programas assistencialistas, que dão um pouco de recursos públicos a famílias com fome. A regra é cada um por

---

1 *O Estado de S. Paulo*, 7/1/2006.

si, lembra-nos Zygmunt Bauman. Dependendo do dinheiro que cada um tem, só sobraram os divãs de análise, as camas de motel ou os sacos de dormir. Visões comunitárias já não definem as identidades. Estamos hoje aparentemente muito mais predispostos à crítica, mais briguentos e intransigentes. Mas nossa crítica não tem dentes, não produz efeitos sistêmicos nas nossas opções de políticas e de vida. Leo Strauss lembra que a aparente liberdade sem precedentes que nossa sociedade oferece a seus membros veio acompanhada de uma impotência também sem precedentes. A crítica que se fazia às fábricas fordistas é que mantinham os trabalhadores como robôs obedientes, as identidades e os laços sociais deixados nos armários de aço da entrada. Hoje se anseia por um trabalho com carteira assinada e só se consegue algum no informal. Antes, o Grande Irmão nunca dormia, controlava todos. Hoje, sentimos saudades dos empregos que oferecia. Movemo-nos com mais liberdade. Mas, para onde, se o horizonte da gratificação, a linha de chegada em que vem o descanso, se remove mais rápido que qualquer corredor? Tudo foi desregulado e privatizado, cedido à coragem e a energias individuais. E quem não as tem o suficiente?

O conceito de sociedade justa, direito do cidadão, virou "direitos humanos", ou seja, direito do indivíduo de eleger seus próprios modelos de felicidade e os estilos de vida mais convenientes. O ônus pesado dessa "emancipação" recai sobre as camadas médias e baixas. "Não há mais salvação pela sociedade. Não existe 'a sociedade'", dizia Margaret Thatcher. Não olhe acima nem abaixo, olhe dentro de si, onde se supõe que residam astúcia, vontade e poder, ferramentas de que necessitarás para progredir na vida. Acrescente-se "com a ajuda de Deus" e temos algo como a pregação das igrejas evangélicas.

Desafios da sociedade contemporânea

Homens e mulheres não têm mais a quem culpar por seus fracassos e frustrações; e certamente não encontrarão consolo adequado nos seus aparelhos eletrônicos ou telefones celulares. Se não conseguem trabalho, é porque não aprenderam as técnicas para passar nas entrevistas; ou são relapsos; ou não sabem fazer amigos e influenciar pessoas; ou não souberam "inventar" uma atividade informal. Em suma, a liberdade chegou quando não mais importa. O problema, como vimos, é que o indivíduo é inimigo do cidadão; e a verdadeira política só é viável a partir da ideia de cidadania. Quando os indivíduos se imaginam únicos ocupantes do espaço público, acabou o bem comum; portanto, acabou a política. O público se torna escravizado pelo privado. O interesse público fica limitado à curiosidade pela vida privada das figuras públicas. Se em meio aos assuntos privados dos políticos aparece a perversão, a falcatrua, então é uma festa. A política fica resumida a crônicas de Nelson Rodrigues, e nós comemoramos com o refrão: "São uns salafrários, todos são iguais". Aliás, foi fundamentalmente assim que se ocupou – e se estragou – o espaço político brasileiro no ano que passou.

Estamos criando todas as condições para o esvaziamento do papel das instituições democráticas, já duramente atingidas pela privatização da esfera pública. Não pense que a eletrônica e a internet têm alguma chance de minorar esse problema. As realidades virtuais não substituem as crenças reais; nelas se entra com muita facilidade para, logo em seguida, perceber solidão e abandono. Bauman diz que o sentimento de "nós" não é oferecido a quem surfa na rede. E Clifford Stoll fala em indivíduos absortos em perseguir e capturar ofertas piscantes do tipo "entre já", perdendo a capacidade de estabelecer interações espontâneas com pessoas reais.

Nas redes virtuais há apenas ilusão de intimidade e simulacro de comunidade. Os espaços públicos estão coalhados de pessoas zanzando com telefones celulares, falando sozinhas em voz alta, cegas às outras ao seu redor. A reflexão está em extinção. Usamos todo o nosso tempo para obsessivamente verificar a caixa de mensagens em busca de alguma evidência de que, em algum lugar do mundo, alguém esteja querendo falar conosco. E, sob pretexto fútil de nos defendermos dos ataques externos, colocamos películas escuras nos vidros dos carros para podermos praticar nossas pequenas transgressões sem sermos reconhecidos. Profunda solidão.

Que o ano novo nos enseje uma breve reflexão sobre a sociedade que estamos construindo. Talvez, como pequeno gesto simbólico de reação, decidamos começar clareando nossos vidros e voltando a nos olhar na face, como cidadãos – pelo menos no trânsito. Já não seria um bom começo?

20
Religião, angústia e civilização[1]

Hedonistas por excelência, nós chegamos ao mundo buscando felicidade e prazer. Tentamos conservar ao máximo essa esperança, mas a dura experiência vai ensinando que satisfação permanente é quimera, enquanto o comum é a frustração. Os que podem ser realistas contentam-se com fugazes instantes de felicidade – em meio a fases de euforia e depressão – e procuram evitar o que for possível do sofrimento e da dor. Só os muito fortes reconhecem que é melhor não estragar um presente suportável com devaneios de alegrias impossíveis ou temores sobre um futuro totalmente imprevisto. A maioria dos homens não suporta tanto sofrimento e incerteza. E, para aguentar a "dor de existir", busca-se amparo em deuses e religiões que criam regras e garantem benefícios já nesta vida, ou numa próxima que elas prometem eterna e bela.

Religiões são tipicamente o que Sigmund Freud chamou de *Weltanschauung*, ou seja, visões do universo; elas são

---

1 *O Estado de S. Paulo*, 15/12/2007.

construções intelectuais que solucionam as questões da existência, não deixam perguntas sem resposta e trazem-nos a segurança de definir o que procuramos, ensinando o caminho para alcançá-lo. As religiões podem adquirir assim um poder imenso, colocando a seu serviço as mais fortes emoções dos seres humanos e acalmando nosso medo diante dos perigos e vicissitudes da vida por garantir final feliz e conforto diante das desventuras que recheiam a existência. Para quem cumprir alguns requisitos éticos e observar certos mandamentos, cada religião à sua maneira oferece a garantia de certa paz; para aqueles que falharem e tiverem um arrependimento sincero, ainda pode haver perdão. E ainda existe a prece, mecanismo que promete uma influência direta sobre a vontade divina. Assim estruturada, a religião é uma notável combinação de educadora, consoladora e pai exigente.

Para Freud, o padrão da crença religiosa inclui quase sempre um universo criado por um super-homem idealizado, quase sempre único e geralmente masculino. Esse deus criador é, em geral, claramente chamado de pai. Rígidas normas éticas e garantias de consolo se combinam nessa cosmologia. A pessoa, quando criança, deveu sua existência à instância parental (pai-mãe), que a protegeu e cuidou no seu desamparo infantil, exposta que estava a todos os perigos do mundo externo. O ser humano já adulto adquiriu maior força, mas agora percebe melhor os perigos à sua volta e vê-se tão desamparado e desprotegido como na infância, muitas vezes não conseguindo prescindir de proteção diante do sofrimento e da angústia.

Houve uma época em que o mundo era descrito como povoado de demônios. Os homens se defendiam desses maus espíritos por atos mágicos ou rituais. A religião os assumiu mais tarde: "E Deus disse: faça-se a luz! E a luz foi feita". As filosofias e a política também conservaram algumas dessas características, ressaltando a magia das palavras e a crença de que os fatos reais podem tomar o rumo que nosso pensamento lhes deseja impor. É claro que as religiões não se deram bem com o espírito científico; sua capacidade de consolo foi posta em dúvida pelo Iluminismo, já que elas têm dificuldade em suportar um olhar crítico e racional. Mas, então, por que os valores religiosos sobrevivem com tanta intensidade em pleno século XXI a ponto de servirem como base para ações fundamentalistas de alto impacto político e social, levando sociólogos do calibre de um Huntington a identificarem conflitos religiosos com guerras de civilizações?

Os teólogos afirmam que a ciência não tem competência para julgar a religião, no que têm razão. Ela não pode ser avaliada por critérios lógicos, visto que seu pressuposto é uma origem divina dada como revelação por um Espírito que o ser humano não consegue apreender. A desqualificação do pensamento crítico e a exigência de aceitação incondicional dos dogmas revelados ajudam as religiões na sua autopreservação. Na religião grega a busca do conhecimento provinha do medo do desconhecido. Tanto o mito quanto a ciência afirmavam que o homem só estaria livre desse medo quando cresse ou conhecesse. Adorno e Horkheimer lembram que Platão havia banido a poesia, assim como o positivismo o fez depois com as doutrinas religiosas. A natureza deveria ser dominada pelo trabalho; e a obra de arte teria que mostrar a sua utilidade para poder reclamar dignidade absoluta e não se confundir com a magia. O esclarecimento acabou tornando-se totalitário; confundiu pensamento com lógica matemática e, em lugar de libertar-se, retornou ao mito. Temos que desconfiar sempre das certezas. A ciência pretensiosa acha que não há nada que ela não poderá explicar ou controlar; esquece-se de que apenas formula metáforas provisórias à espera de que novas as substituam. Já as religiões, elas constroem o espaço das convicções reveladas e, portanto, absolutas.

Nietzsche tentou atacar de frente esses perigos para deixar emergir o "homem-potência" no lugar do "homem-rebanho". Mas seu "profeta" Zaratustra pediu demais ao exigir: "Agora prossigo só. Afastai-vos de mim e defendei-vos contra Zaratustra! Estou longe de ser um fundador de religiões. Não quero crentes". Nietzsche descreveu Zaratustra como um espírito livre, um experimentador que prescinde de certezas. Ele via como fraco quem necessita de convicção e crenças. Um espírito livre deveria saber se equilibrar sobre cordas finas e dançar à beira do abismo. Acontece que os abismos neste século XXI parecem mais profundos, e as ciências, mais arrogantes que nunca. Com isso crescem a insegurança e a solidão; e as religiões recobram sua força propondo lidar com o medo e a angústia do seu velho jeito humano, demasiadamente humano.

21
A complicada democracia[1]

Vista a partir dos seus princípios, a democracia é sempre parcial e inacabada. São características essenciais de um regime democrático o sufrágio universal, as eleições sem pressões sobre os eleitores e a liberdade de associação e pensamento. Mas, na prática, a política se exerce competindo por ocupar os cargos de responsabilidade dentro do Estado. Fala-se, então, em democracia quando essa competição se faz de maneira suficientemente aberta e com certo controle popular. No entanto, o poder não está apenas nos palácios; tomam-se decisões nas famílias, nas empresas, nas associações, nas universidades; neles também a repartição de poder está em jogo e cabe investigar se a democracia se exerce por uma distribuição razoável dele.

É bom lembrar que sociedades não se alteram facilmente por decretos inspirados no bem comum, pois o poder está concentrado em diferentes esferas que podem resistir e contornar exigências legais. Os interesses financeiros são

---

1 *O Estado de S. Paulo*, 18/2/2007.

bons exemplos. Marc Fleurbaey, diretor do CNRS (Centro Nacional de Pesquisas Científicas) da França, lembra que os investimentos jogam um papel decisivo no jogo do poder; diante deles os governos democráticos têm uma margem de manobra muito restrita. É o caso do poder econômico associado a alguns dirigentes de grandes empresas; sem nenhum mandato eletivo, eles têm acesso direto às esferas superiores. Um cidadão comum mete-se na fila de votação para tentar eleger um deputado que nunca vai ver; já um empresário importante pode ter na sua agenda o telefone direto de vários ministros. Aliás, um dos mitos da política é certa postura ideológica que tenta nos fazer acreditar que os relatórios econômicos, numa economia de mercado, são informações técnicas objetivas, isentas de influências. Porém, a economia é o lugar por excelência no qual se decide a repartição do poder; imaginá-la como espaço de fria racionalidade – e a política como área das paixões e interesses – é uma ilusão que impede o aprofundamento da democracia.

Entre a teoria e a prática diária da política há opacidades e contradições. Podemos radicalizar o conceito de democracia em esferas sucessivas de exigências. O primeiro referencial é a igualdade de poder de cada voto. Mas o pressuposto fundamental é que todas as decisões deveriam ser tomadas por aqueles a quem elas concernem; e que o poder de decisão seria repartido na proporção dos interesses em jogo. O princípio democrático assim exercido se opõe, portanto, a todas as formas de paternalismo; e se funda na ideia de que os indivíduos são capazes de cuidarem deles mesmos, desde que se lhes deem condições para tal. Como consequência, a democracia não consistiria apenas em repartir o poder entre os indivíduos, mas em dar às pessoas envolvidas os meios de praticar sua autonomia. Radicalizando ainda mais,

Desafios da sociedade contemporânea

essa autonomia deveria ser exercida também pensando nas próximas gerações, já que elas ainda não estão aqui para defender-se dos males que podemos lhes infringir. Veja-se a questão ambiental e o poder de nossas decisões de inviabilizar a vida futura num planeta envenenado pelo modelo de "progresso" que decidimos ter hoje.

Há, evidentemente, inúmeras e conhecidas objeções aos princípios democráticos acima apontados. Em *Capitalismo, socialismo e democracia*, Schumpeter fustiga a teoria democrática inspirada em concepções de Rousseau, segundo as quais a verdadeira democracia é capaz de identificar e exprimir a vontade popular. De fato essa é uma visão utópica, já que muitos conflitos de interesse dentro de uma sociedade complexa são irreconciliáveis. Mas, ainda assim, abandonar a ideia de vontade popular implica estruturar algum objetivo de "bem comum", fruto de um mínimo equilíbrio de interesse das forças sociais em disputa, orientado para o reforço da autonomia dos cidadãos. Há outras objeções. As pessoas pobres e "simples" seriam boas para votar, mas incapazes de entender a complexidade das decisões que lhes dizem respeito. Ora, não é justamente um dos papeis da democracia fazer pressão e dar instrumentos para que esses indivíduos adquiram um nível de competência necessária a lidar corretamente com as decisões que lhes concernem? Fleurbaye tem razão quanto à ambiguidade da ideia de que os indivíduos mais instruídos e competentes devam ter um poder suplementar, e decidam pelos outros. Afinal, um especialista pode influenciar uma decisão de duas maneiras. Uma delas é participar da tomada de decisões com direitos especiais; no entanto, *stricto sensu*, o exercício da tecnocracia contraria o princípio da plena democracia. Mas especialistas também podem usar sua competência para difundir informações, explicar o que eles sabem e tentar convencer o cidadão – e aqueles que decidem – da justeza de seus argumentos. Essa forma de exercer influência é totalmente compatível com a democracia; no entanto, a condição é que a sociedade e o poder econômico viabilizem – para além da novela, do futebol e do programa de auditório – que temas vitais de interesse do cidadão tenham espaço e sejam amplamente discutidos na mídia. Em suma, deve-se dar a palavra aos especialistas, mas não há nenhuma razão democrática para lhes dar o poder. Aliás, uma das mais sérias limitações aos princípios democráticos é a difusão da informação. A voz dos mais fracos em geral tem acesso muito mais restrito às mídias do que os discursos hegemônicos dos que controlam o poder real.

Como se vê, quem sai por aí propagandeando virtudes ou falhas democráticas em regimes ou governos corre o grave risco de ser perguntado de que democracia está falando. E terá que dar explicações complicadas.

22
Massas populares e democracia[1]

Preocupado com a Europa dos anos 1920, Ortega y Gasset considerou o acesso das massas populares ao poder o fato mais importante da vida pública daquela época. Como achava que "massas, por definição, não devem nem podem dirigir sua própria existência, e muito menos reger a sociedade", vaticinava a "crise mais grave que possa ser enfrentada por povos, nações ou culturas", chamando-a de "rebelião das massas". Descrevia o povo lotando teatros e espaços públicos e, num lamento elitista, reclamava que tomavam "justamente os melhores lugares, criação refinada da cultura humana, anteriormente reservada a grupos menores, precisamente as minorias". Para ele, assistia-se ao triunfo de uma hiperdemocracia na qual a massa, havendo percebido que os políticos entendiam de questões políticas menos do que ela, descobrira "o direito de impor e dar força de lei aos seus problemas do dia a dia", afirmando seus gostos e aspirações. Ortega y Gasset tinha razões e preocupações típicas do seu tempo, mas

---

1 *O Estado de S. Paulo*, 21/7/2007.

que guardam certas afinidades com fenômenos presentes. No Brasil atual, bastou uma pequena recuperação de renda do extrato inferior e maior alongamento dos financiamentos para que segmentos das massas lotem lojas e até aeroportos.

Hoje os movimentos sociais estão no campo, nas praças e nos palácios da América Latina, pressionando governantes – que eles ajudaram a eleger – a cumprirem promessas de campanha. Nas duas últimas duas décadas do século passado, as promessas de ascensão social dos excluídos através da liberalização dos mercados e privatização haviam fracassado. Pior, 100 milhões de novos pobres foram adicionados aos 136 milhões que existiam na região em 1980. Já que a economia não deu conta, coube então à política incorporar os excluídos através de novas lideranças populares ou neopopulistas que prometeram reduzir a pobreza e a exclusão. Vivesse hoje, Ortega y Gasset teria razões de sobra para suas perplexidades.

Em recente seminário convocado pela direção da Cepal, em Santiago do Chile, estivemos debatendo como poderá a democracia de agora cumprir sua missão maior de garantir a cidadania a amplos segmentos de latino-americanos. Para Guillermo O'Donnell, democracia supõe seres humanos portadores de dignidade e possuidores de direitos. Por isso, desenvolvimento econômico só é democrático quando produz sociedades progressivamente mais equitativas e respeitadoras daquela dignidade. Por outro lado, não há desenvolvimento sem um Estado que dê sustentação à democracia e a impulsione em direção a maior equidade. Ele lembra que as democracias da região são sustentadas por Estados apenas parcialmente democratizados que promovem cidadanias de baixa intensidade, convivendo com ampla pobreza e desigualdade. Por isso mesmo, esses cidadãos-agentes da democracia – até porque elegem seus representantes – esperam ser

Desafios da sociedade contemporânea

beneficiários das políticas públicas que atenuem sua exclusão e resgatem sua dignidade. Espaço crucial de poder, tendo como participantes de pleno direito classes e setores antes excluídos, o Estado enriquece-se quando representa o conjunto amplo da cidadania. Para O'Donnell, há quatro condições básicas para que ele possa dar conta de sua missão de promover democracia e desenvolvimento: eficácia das suas burocracias; efetividade do sistema legal; credibilidade como guardião e realizador do bem público da nação; e competência para filtrar tensões externas. Aumentar a eficácia do Estado como burocracia significa prestar um bom serviço civil, regido por critérios universalistas. O que implica salários dignos para os funcionários públicos, carreiras avaliadas por critérios objetivos, oportunidades de capacitação periódica; além de boa proteção contra corrupção, clientelismo e nepotismo. Isso é difícil, custa dinheiro e exige longo prazo, palavra proibida para muitos dirigentes políticos. Aumentar a efetividade da legalidade estatal significa estender homogeneamente os direitos civis básicos, sem descuidar da expansão de direitos sociais. Ou seja, ser capaz de elevação progressiva dos pisos mínimos de bem-estar; e de desenvolvimento humano que respeite direitos individuais e proteja contra violência. O que exige tratamento respeitoso, inviolabilidade do domicílio, acesso equitativo à justiça e não discriminação a qualquer classe social. Aumentar a credibilidade do Estado e do governo como agentes gerais do bem público significa boas políticas, bons exemplos de probidade republicana e avanço progressivo na justiça e na coesão social. Finalmente é necessário a esse Estado saber filtrar adequadamente as diversas dimensões da globalização, reduzindo seus efeitos perversos. E ter claro que globalização econômica nada tem a ver com a diminuição do poder do Estado. Até porque a natureza das demandas às quais deve responder exige que ele gaste mais e melhor. O'Donnell acha que caminhar nessa direção é uma dura tarefa numa sociedade de desiguais, já que as classes dominantes podem tentar exercer um forte poder de veto.

Nossos Estados latino-americanos, no entanto, têm tido baixo desempenho naquelas quatro tarefas básicas, permitindo zonas extensas de anomia em que outros atores – crime organizado, máfias, terceiro setor contaminado por interesses privados – assumem parte do seu papel e enfraquecem as condições para a proliferação dos valores e bens públicos. Para complicar ainda mais, a classe política dá contínuos pretextos para deslegitimar-se junto à sociedade. As massas continuarão a ocupar os espaços públicos cobrando promessas e exigindo soluções. E é a democracia quem vai ter que dar conta de garantir-lhes realizações, mais que ilusões. Não será fácil, mas não há caminho melhor.

O AMANHÃ

23
Aprendizes de feiticeiro[1]

A notícia de que um macaco *rhesus* vive com gene de água-viva em seu DNA, transformando-se na primeira cobaia transgênica semelhante ao homem, deve inspirar muito mais receio do que aplauso. O uso de engenharia genética em primatas aproxima-nos dramaticamente da tentativa de fazê-lo em seres humanos, com consequências desconhecidas e, eventualmente, dramáticas.

O anúncio fez-se cercado da habitual deificação da ciência, sugerindo estar a caminho a cura do câncer, do mal de Alzheimer e de diabete. Lawrence C. Smith, da Universidade de Montreal e precursor da técnica que criou a ovelha Dolly, declara entusiasmado em entrevista ao *Estado* que iremos rapidamente para a clonagem de seres humanos. Admite que muitos clones nascerão com anomalias cardíacas, pulmonares e imunológicas. Acha necessário impor restrições éticas, mas não crê ser fácil fazê-lo. E arremata: "É errando que se aprende". Enquanto isso, há pouco tempo um acidente em

---

1 *Jornal do Brasil*, 29/1/2001.

laboratório genético australiano matou todos os ratos do biotério por um vírus produzido por acaso. A síndrome da vaca louca espalha pânico na Europa e parece ser a consequência de longa intoxicação cumulativa de milhões de animais arrancados das pastagens e submetidos às dietas antinaturais, além de saturados de hormônios e antibióticos que afetam os homens, tais como as aves que o mundo industrializado consome. A inserção de genes de lagosta no DNA da laranja, de modo a viabilizar sua frigorificação, pode causar um choque anafilático mortal a uma criança que tenha alergia ao crustáceo. No entanto, as reações contrárias da comunidade científica são tímidas, boa parte dela preocupada com suas verbas, prestígio e empregos. Christopher Exley, da Keely University, surpreendeu-se com a notícia do macaco e mostrou preocupação de que várias outras experiências podem estar sendo feitas sem que a comunidade científica saiba. E Patricia Backlar, da Oregon Health Sciencie University, a mesma onde se desenvolveu o *rhesus*, diz: "Não sei se deveríamos estar fazendo isso com primatas". Mas são vozes isoladas.

A ciência atual, com sua enorme capacidade de gerar inovações e saltos tecnológicos, promete em manchetes futuristas estar se aprontando para controlar o envelhecimento e produzir clones de nós mesmos. Esse processo, legitimado por alguns de seus êxitos, fazem-na adquirir uma auréola mágica e determinista, colocando-a acima da razão e da ética. A camuflagem dos riscos, alguns deles enormes, é feita com competência nas mídias globais, impedindo-nos julgamentos e escolhas, já que apontam as conquistas da ciência apenas como libertadoras da humanidade. Posições de cautela com relação a alimentos transgênicos, objeções éticas quanto aos imensos riscos de manipulação genética e reações contra o

Desafios da sociedade contemporânea

desemprego gerado pela automação radical, tudo passa a ser encarado por essa mídia como posição reacionária de quem não quer o progresso. No entanto, depois do leite derramado – explodidas as bombas de Hiroshima e Nagasaki e conhecido seu devastador poder de destruição e contaminação –, um Oppenheimer cheio de culpa reconheceu que os físicos conheceram o pecado e disse a Truman: "Minhas mãos estão manchadas de sangue".

A quem interessa hoje, por exemplo, o prolongamento excessivo da vida? Quantas vezes manter um doente grave e idoso na UTI significa apenas um grande sofrimento e alto custo financeiro, inviabilizando uma morte digna e rápida junto à sua família? Vale a pena estender excessiva e artificialmente a velhice, justamente quando os sistemas de aposentadoria e previdência se tornam cada vez mais precários? Perdemos a perspectiva de que o que importa é a qualidade da vida, não sua duração. E não nos esqueçamos de Kierkegaard quando dizia ser a morte, quando levada a sério, uma fonte de energia sem igual, estimulando a ação e dando sentido à vida.

Transformados em fator fundamental na disputa dos mercados e da acumulação global, os vetores tecnológicos autonomizaram-se de considerações sociais e políticas, definidos que estão pelas grandes corporações e orientando-se exclusivamente pela criação de valor econômico. No mundo global, os poderes que atuam sobre o destino individual estão mal identificados, ocultos pelas redes transnacionais. No caso da manipulação genética, os riscos são infinitamente maiores e não se pode permitir que essa atitude frívola de aprendizes de feiticeiro a favor do interesse comercial possa ser a única forma de definir os rumos da ciência.

"Saber fazer" não deve substituir a questão ética fundamental "por que fazer?". As novas tecnologias na área do

111

átomo, da informação e da engenharia genética causaram um crescimento brutal dos poderes do homem. Isso ocorre num estado de vazio ético no qual as referências tradicionais desaparecem e os fundamentos ontológicos, metafísicos e religiosos da ética se perderam. Faz-se urgente, pois, uma nova teoria da responsabilidade que recoloque o indivíduo como sujeito moral de sua conduta. Somos uma humanidade frágil e perecível, agora perpetuamente ameaçada pelos poderes do próprio homem que se transformou em perigoso para si mesmo. A sociedade tem que decidir, o mais democraticamente possível, que riscos pode e quer correr; e encontrar, com urgência, uma ética razoável que, no mínimo, concilie valores com interesses. É preciso emergir um "tu deves" no horizonte da ciência, antes que os aprendizes de feiticeiro ponham tudo a perder.

24
Cyborgs e o mundo que vem por aí[1]

A vida humana é finita. No entanto, a aceitação da morte está sumindo lentamente do nosso horizonte simbólico, cultural e social por conta das conquistas sucessivas da ciência biomédica. Prolongar a vida a qualquer preço tornou-se o objetivo maior. A socióloga Céline Lafontaine lembra que sempre clamamos pela imortalidade. Panteões, academias, memoriais, nomes de ruas e viadutos pelo mundo afora atestam nosso desejo de eternidade. Agora a onda das biociências reativou a fantasia da eterna juventude. O biologista Aubrey de Grey garante que "a pessoa que viverá eternamente já nasceu". Clonagem, alterações genéticas, criogenia e prolongamento artificial da vida são práticas correntes. A proliferação cultural do mito do *cyborg* e do pós-humano marca nossos próximos passos.

A extensão das fronteiras decorre dos avanços biomédicos. O agonizante mantido vivo em UTIs, entubado, atado a fios, tubos e aparelhos cada vez mais invasivos é visto pelo

---

1 *O Estado de S. Paulo*, 18/2/2009.

antropólogo Chris Hables Gray como o tipo ideal de *cyborg*. A decifração dos códigos e programações genéticas promete o acesso ao segredo da vida. Para a socióloga Dorothy Nelkin, a sacralização da ideia de que os genes são imortais se reflete no fetichismo do DNA, que se supõe conter a essência da individualidade subjetiva. Relíquia do mundo pós-moderno, cada fragmento de DNA abrigaria, na retórica do genoma, a essência informacional de uma pessoa e sua identidade genética. O nascimento de Dolly marcou nossa entrada definitiva na era da pós-mortalidade. As células-tronco são uma mina de ouro para o desenvolvimento da medicina regenerativa dos tecidos. A ideia de reagrupar estratégias e intervenções terapêuticas visando reparar tecidos danificados do corpo humano restringiria a morte a acidentes extraordinários ou destruição extrema das forças vitais. Do transplante de órgãos às terapias genéticas, passando pela fabricação de tecidos de substituição, a indústria biofarmacêutica e a medicina regenerativa assumem o biocontrole de uma sociedade que se quer pós-mortal. Seus passos são: estimular mecanismos de autorreparação; implantar tecidos ou órgãos produzidos fora do corpo; rejuvenescer células que afetam o relógio biológico; e, por meio da nanotecnologia, reconstruir corpo e cérebro em escala molecular com adição de inteligência artificial. Esse modelo quer libertar o humano da "prisão biológica da mortalidade" por meio da sua fusão com a máquina.

Ray Kurzweil sustenta que o organismo humano é obsoleto. A ideia é fazer o *download* do conteúdo da inteligência humana em uma máquina a fim de obter sua existência pós-biológica. O sociólogo William Sims Bainbridge e o prêmio Nobel de Física Norbert Wiener afirmaram que será possível brevemente gravar o conteúdo de um ser humano em um CD e transportá-lo nos bolsos, o que eles aplaudem como

Desafios da sociedade contemporânea

a libertação do corpo, visto como suporte frágil e falível. O paciente em estado de morte cerebral é o protótipo do *cyborg*. E as nanotecnologias são consideradas a solução miraculosa para a fragilidade humana e da morte, fazendo a hibridação entre o natural e o artificial. Para Eric Gullichsen, o cérebro é a alma neurológica, o DNA faz a alma molecular e as nanotecnologias criarão a alma atômica. Em suma, trata-se de física quântica, microeletrônica, informática, biologia molecular com a engenharia molecular e cibernética manipulando matéria reorganizada em nível atômico e fazendo a fusão entre as espécies viventes e as máquinas. Para o cientista Robert A. Freitas, "a nanomedicina pode aprender a inverter completamente as falhas celulares e fazer os idosos recuperarem boa parte da saúde e da juventude, da força e da beleza, desfrutando de uma extensão quase indefinida de sua vida". Em *Becoming Immortal* [Tornando-se imortal], Stanley Shostak propõe modificar geneticamente o corpo humano a fim de parar seu crescimento biológico antes do período de puberdade. Os indivíduos assim transformados poderiam viver indefinidamente. Tornados estéreis pelo bloqueio artificial de seu desenvolvimento, eles não seriam nem homens e nem mulheres, mas seres assexuados e fisicamente imaturos, ainda que intelectualmente adultos. O modelo desenvolvido por Shostak é largamente inspirado pela figura teórica do *cyborg* tal como a elaborou Donna Haraway. Meio-natural, meio-artificial, meio-homem, meio-mulher, o *cyborg* é um ser emancipado da prisão da diferença sexual, da opressão de gêneros e da procriação. Dissociada da sexualidade, a procriação seria feita tecnicamente em útero artificial. Pobres de nós!

Evocando a hipótese de uma superpopulação causada pelo aumento da longevidade, os cientistas defensores dessas ideias propõem limite radical aos nascimentos. Num brado exacerbado de hedonismo e individualismo, afirmam que, entre escolher viver eternamente ou nos reproduzir, a grande maioria de nós optaria pela imortalidade. Querer ultrapassar as fronteiras da morte é, para Christopher Lasch, nosso fantasma narcísico como capazes de lidar com os limites da condição humana. O biocapital, figura maiúscula da economia globalizada, com essas linhas de pesquisa deixa entrever uma nova forma de dominação e de desigualdade. Enquanto anuncia o alongamento sem fim da expectativa de vida das gerações mais velhas a custos exorbitantes, cerceando o espaço essencial da alternância de gerações, reduz a saúde dos jovens, estimulando o consumismo que provoca obesidade, diabete, cânceres e outras doenças sistêmicas geradas pelas contaminações e pela inatividade física. Quem gostaria de viver nessa sociedade que os arautos do futuro anunciam?

25
Tecnologia, razão e moral[1]

Estamos diante de mais um espetacular salto no patamar tecnológico do mundo global, com consequências imprevistas sobre sociedades, pessoas e regimes políticos. A tecnologia de rede começa a substituir a da informação. A engenharia genética já estará abrindo horizontes revolucionários e assustadores logo no início do século XXI. E a velocidade dos processos de automação continuará em radical progressão. Como decorrência dessas tendências, graves questões morais terão de ser enfrentadas. E nossas decisões podem pôr em jogo o destino da civilização.

O neurologista Oliver Sacks confessou, anos atrás, que uma das razões pelas quais gostava da natureza era porque ela lhe eximia do fardo da consciência moral. Mas ciência e tecnologia, ao contrário da natureza, são produtos do homem. E como tal, não podem fugir do valor moral, que é a contrapartida do livre-arbítrio. Esta moral, que evoluiu da necessidade de as sociedades modernas protegerem-se do

---

1 *O Estado de S. Paulo*, 23/10/1999.

caos e da violência, regula-se pelos contratos sociais. Apesar das muitas contingências que Sartre só descobriu após a idade da razão, não somos predestinados ou programados. A vida humana é uma questão de escolhas, aventuras, riscos e responsabilidades.

Num recente diálogo entre os filósofos Daniel Dennett e Stephen Toulmin, eles falavam sobre o futuro da autonomia dos robôs. Dennett dizia que os robôs que devem nos interessar, por razões práticas, são os não conscientes. A última coisa que queremos deles é que sejam suscetíveis ao tédio, à ansiedade, ao medo ou ao ódio. Se nós os fizéssemos conscientes, eles teriam os mesmos direitos que nós; e seria imoral exigir deles uma missão arriscada, enfadonha ou frustrante. Ou ainda, suponhamos que decidíssemos viver quinhentos anos e que a única maneira fosse pôr nosso corpo em animação suspensa, talvez numa câmara criogênica. Seria necessário construir um robô gigante que se movesse ao nosso entorno garantindo energia para prover a si próprio e a sua preciosa carga. A partir do momento que se fechasse a porta da câmara, ele teria que ser autônomo. Nosso destino seria o destino dele e seria bom que ele fosse capaz de tomar decisões inteligentes que aprovaríamos se tivéssemos os comandos. Para isso a única solução seria dar-lhe o poder de aprender, adotar novos projetos, prever os perigos e planejar o futuro. Portanto, dar-lhe o poder de mudar de ideia e de projeto sobre o que fazer. E se ele decidisse usar essa autonomia para se "apaixonar" por um outro robô e arriscar a própria vida – e a nossa com a dele – para conseguir o que quer?

Eu fico pensando que grau de autonomia e mobilidade estaríamos dispostos a conceder a um robô que construíssemos para ser *baby-sitter*. Estaríamos dispostos a correr o risco de deixá-lo tomando conta das crianças quando fôssemos ao

Desafios da sociedade contemporânea

teatro e, ao voltar, encontrarmos uma mensagem sua dizendo: "Desculpem, fui ao futebol"? Assim, o que queremos fazer dos robôs é uma opção ética. A tecnologia só mostra o que é possível, não nos obriga um caminho.

A revolução tecnológica da automação e da informação já atingiu todos os mercados, o que permitiu a mobilidade de capital requerida pelo movimento de globalização da produção. Essas modificações radicais atingiram o modo de vida de boa parte dos cidadãos, alterando seu comportamento, seus empregos, suas atividades rotineiras de trabalho e seu relacionamento com os atores econômicos produtores de bens e serviços. O poder de barganha dos assalariados passou a sofrer grande erosão. A flexibilidade conseguida pelo atual modelo racionaliza o uso do capital, colocando-o onde as melhores condições do mercado apontam. Os produtos se sofisticam, as comunicações se ampliam. Mas é cada vez maior a assimetria entre a flexibilidade das condições de produção e as exigências de sobrevivência dos indivíduos. Pode-se produzir mais ou menos, aqui ou ali, pois a programação da produção por meio da informática e a transmissão de dados em tempo real o permitem. Como resultado, o desemprego aumentou, o trabalho tornou-se flexível e a renda se concentrou.

A questão primordial atual é saber se, portanto, num plano supranacional e global, o poder destrutivo ecológico, social e cultural do vigoroso capitalismo planetário pode ser novamente posto sob controle. O Estado contemporâneo não se sente mais responsável pelo pleno emprego. As corporações transnacionais, que definem os vetores tecnológicos que parametrizam a empregabilidade, também não. Cada um que encontre sua oportunidade, corra o seu risco, seja um *responsible risk taker*. Quem está na periferia do capitalismo mundial, que busque seu lugar no informal, que invente seu emprego.

Está-se tentando impor, de certa forma, o resgate da ética protestante do trabalho de Max Weber para aplicá-la a sociedades que, ao contrário dos EUA do começo do século, não geram oportunidades de emprego. Vale lembrar que a concepção cristã do trabalho era um ato de expiação do pecado original. Por um breve momento da história, Calvino o redimiu. Com o declínio da crença religiosa, que Marx saudou, o trabalho mais uma vez tornou-se penoso. No entanto, o desemprego e a exclusão da sociedade global acabam de resgatar o posto de trabalho formal fordista como altamente desejável e o transformam em quase um sonho distante de segurança e estabilidade.

Freud nos havia lançado num mundo sem Deus, renegando o discurso iluminista de uma ciência que garantiria o bem-estar para todos e afirmando não haver fórmula universal para a felicidade. O discurso freudiano colocou a figura do desamparo no fundamento do sujeito, que assume sua feição trágica, marcado pela finitude, pelo imprevisível e pela total incerteza. Agora sem a proteção do Estado e às voltas com os contínuos saltos tecnológicos que tornam grande parte do trabalho tradicional dispensável, o homem volta a sentir com toda força sua dimensão de desamparo.

Haverá um determinismo inevitável na direção dos vetores tecnológicos que geram simultaneamente acumulação e exclusão? Não serão as forças organizadas da sociedade mundial capazes de atuar no sentido de direcionar os novos e imensos saltos tecnológicos já programados de modo a garantir empregabilidade e inclusão social? Norberto Bobbio estará certo – em seus momentos de otimismo – quando afirma que a maior parte das desigualdades são sociais e, portanto, um dia serão eliminadas? Ou teremos que enfrentar o pessimismo de Freud de que nunca nos livraremos do desamparo, só nos restando a gestão interminável do conflito entre pulsão e civilização?

Se não formos capazes de subordinar o desenfreado avanço tecnológico à moderação da moral e da razão – ou seja, ao bom uso da autodeterminação –, nossa espécie poderá estar pavimentando o caminho do poema de Robinson Jeffers: "Um dia a Terra vai se coçar, e sorrir, e sacudir para fora a humanidade".

26
As tecnologias e o mito do progresso[1]

Apesar de o século XX ter sido um período de excepcionais conquistas da ciência, à medida que se aproximava a sua década final o mundo viu-se novamente às voltas com problemas que imaginava iria eliminar. Os enormes triunfos de um progresso material apoiado nas novas tecnologias acabaram questionados por aumento de desemprego, depressões cíclicas, população indigente em meio a luxo abundante e Estados em crise.

Uma das razões desse paradoxo é que o capitalismo global apossou-se por completo dos destinos da tecnologia, libertando-a de amarras filosóficas e orientando-a exclusivamente para a criação de valor econômico. A liderança tecnológica passou basicamente a determinar os padrões gerais de acumulação. As consequências dessa autonomização da técnica com relação a valores éticos e normas morais definidos pela sociedade é um dos mais graves problemas com que tem de se confrontar este novo século. Ela afeta desde o aumento da

---

1 *O Estado de S. Paulo*, 6/5/2000.

concentração de renda e da exclusão social até o desequilíbrio ecológico e o risco de manipulação genética; e pode implicar a redução da dinâmica de acumulação capitalista, por conta de uma eventual crise de demanda. É tarefa vital, pois, analisar o mito do progresso técnico e de sua irreversibilidade.

As origens da sociedade da informação remontam ao final da década de 1960. É nesse momento que o capital passa a desenvolver tecnologias revolucionárias que resultaram na fragmentação das cadeias de produção, fato que permitiu um novo desenho e distribuição espacial dos processos produtivos. Como consequência, surge uma forte alteração na correlação de forças entre as classes sociais que culmina, na década de 1980, com a instauração de uma nova situação estrutural nas relações capital/trabalho. Há uma perda substancial do poder dos sindicatos, quer devido ao fato de tais tecnologias serem fortemente poupadoras de mão de obra, quer em virtude de elas permitirem uma maior flexibilização e uma reorganização do trabalho que tornaram mais precárias as condições do trabalhador. É o caso da terceirização, da ocupação a distância, das atividades informais. Esse processo acabou acelerando o desemprego, a precarização dos postos de trabalho, a concentração de renda e a exclusão social em várias partes do mundo.

A presente excepcional posição dos Estados Unidos não pode ser considerada um paradigma. Ela decorre de sua condição hegemônica. Na sociedade da informação, tal hegemonia se dá mediante a liderança das redes em torno das quais as funções e processos estão cada vez mais organizados. São redes, dentre outras, os fluxos financeiros globais; a teia de relações políticas e institucionais que governa os blocos regionais; a rede global da nova mídia que define a essência da expressão cultural e da opinião pública. Elas constituem

Desafios da sociedade contemporânea

a nova morfologia social de nossas sociedades, e a difusão de sua lógica altera radicalmente a operação e os resultados dos processos produtivos, bem como o estoque de experiência, cultura e poder. Os fatores ligados ao desenvolvimento e uso das novas tecnologias acabaram, pois, possibilitando aos Estados Unidos a consolidação de uma fase virtuosa que tem garantido a esse país um longo ciclo de crescimento, desigual ao restante da economia global, permitindo reforçar sua hegemonia tenazmente construída a partir dos dois conflitos mundiais.

A utopia dos mercados livres e da globalização tornou-se a grande referência. Mas o efêmero, o vazio e a crise pairam no ar. A contradição parece ser a regra; e a ciência vencedora começa a admitir que seus efeitos podem ser perversos. A capacidade de produzir mais e melhor não cessa de crescer. Mas tal progresso, se produz muita riqueza, também traz consigo desemprego, exclusão e subdesenvolvimento. As tecnologias da informação encolhem o espaço. Nada mais parece impossível. Mas cresce o sentimento de impotência diante dos impasses, da instabilidade e da precariedade das conquistas. O homem atual sente-se sem rumo.

Novos instrumentos de reflexão, ainda não disponíveis, são obviamente necessários para um mergulho profundo nessas incertezas e dúvidas, sem que nos deixemos levar pelas armadilhas e maravilhas de futurólogos deslumbrados. Na sociedade global, as figuras do vencedor, do ostentador – e seus palcos eletrônicos –, mitificam o fugaz e o frágil. Nesse mundo-espetáculo apoiado na tecnologia da informação, onde a vedete é o ganhador, nunca a tirania das imagens e a submissão ao império das mídias foram tão fortes. A produção econômica moderna espalha sua norma; o consumo é transformado em dever, um verdadeiro instrumento de busca da felicidade, um fim em si mesmo. A performance define o lugar social de cada um. O sujeito atual é performático, está voltado para o gozo a curto prazo e a qualquer preço, reduzindo a importância dada àquilo que toma tempo e à aceitação dos sacrifícios que isso impõe. Simultaneamente ao crescimento da incerteza, proclama-se que a democracia – conjugada ao liberalismo e ao mercado – definitivamente triunfou e fabricará sociedades com mínima imperfeição.

A ciência atual tem enorme capacidade de gerar inovações e saltos tecnológicos, adquirindo uma auréola mágica e determinista que a coloca acima da moral e da razão. A razão técnica parece ter lógica própria e poder ilimitado, legitimando-se por si mesma. Os riscos envolvidos são camuflados por uma mídia global que deifica as conquistas científicas como libertadoras do destino da humanidade, impedindo julgamentos e – principalmente – escolhas e opções. O deslumbramento diante da novidade tecnológica e a ausência total de valores éticos que definam limites e rumos poderão tanto estar encubando novos deuses, que conduzirão a humanidade a sua redenção, como serpentes cujos venenos ameaçarão sua própria sobrevivência. Afinal, por que não deixar nosso destino nas mãos dos magos da ciência e suas pílulas que nos prometem a felicidade e a vida eterna?

O grande problema é que o saber atual encontra-se a serviço do capital, que visa ao máximo retorno do seu investimento e não tem compromisso estrutural com a preservação da terra ou com o bem-estar da humanidade. A inexorabilidade do progresso técnico e da neutralidade dos cientistas não passa de sofismas. Questões como o prolongamento da vida, o controle do comportamento e a manipulação genética são um salto qualitativo pleno de dúvidas e perigos, assim como foi a descoberta da energia nuclear. O progresso técnico

Desafios da sociedade contemporânea

não é determinista, nem são neutras as obras dos cientistas. Afinal, o saber não pode, enquanto tal, ser isolado de suas consequências.

Um claro paradoxo está, pois, instalado em nossas sociedades. Ao mesmo tempo que elas se libertam das amarras dos valores de referência e as novas tecnologias prometem maravilhas, a demanda por ética e preceitos morais parece crescer indefinidamente. A cada momento um novo setor da vida se abre à questão do "dever", como contrapartida ao "poder". Urge uma nova moral que legitime os caminhos da técnica.

27
Uma nova ética para a ciência[1]

Enquanto a polêmica dos transgênicos avança por toda parte, o governo inglês acaba de autorizar cientistas a desenvolverem a clonagem humana para o que chamou de "fins terapêuticos". Mais uma vez o mundo se vê impactado com o paradoxo das novas tecnologias. Elas compõem as cenas da vida cotidiana, instalam-se em nossa intimidade. São filhas do desejo, parceiras ambíguas e desconcertantes, operam com autonomia, mas podem se perverter, tornarem-se nefastas e agredir o próprio homem. A sociedade parece aceitar que as técnicas se imponham como dotada de um poder próprio, difuso, transnacional, controlado pelas grandes empresas mundiais que a constroem e exploram.

A questão da autonomia das técnicas não é nova. Quando a tecnologia nuclear acabou aplicada às bombas atômicas, um Oppenheimer cheio de culpa reconheceu que "os físicos conheceram o pecado". E declarou a Truman: "Minhas mãos estão cheias de sangue". Imaginava-se, então, que

---

1 *O Estado de S. Paulo*, 26/8/2000.

haveria possibilidade de uma deliberação madura e democrática sobre sua eventual utilização. Seis anos depois, os acontecimentos tomaram vida própria. A questão central é a do poder do sistema tecnocientífico sobre uma economia entregue unicamente a seus dinamismos, obcecada por seus avanços, como no caso da terapia genética e dos alimentos transgênicos.

A tradição filosófica tem questionado profundamente a questão da inevitabilidade da transformação dos avanços da ciência em técnica. Heidegger achava ser preciso levar a técnica até seu ponto máximo, porque "lá onde está o perigo, também viceja o que salva". No entanto, para a ética de Aristóteles, o que constitui o sentido da existência humana não é o domínio, mas o conhecimento. A moral deveria ser o conjunto de ações pelas quais o homem prudente, impregnado pela razão, dá forma à sua existência. Para ele somente esse comportamento garantiria que o homem não destruísse a si mesmo. Para Jasper, por exemplo, "não existe nenhuma lei histórica que determine o curso das coisas em seu todo. É da responsabilidade das nossas decisões e nossos atos humanos que o futuro depende". O saber não pode, enquanto tal, ser isolado de suas consequências.

Na verdade, um claro paradoxo se instala nas sociedades pós-modernas. Ao mesmo tempo que elas se libertam das amarras dos valores de referência, a demanda por ética e preceitos morais parece crescer indefinidamente. A cada momento um novo setor da vida se abre à questão do "dever". As novas tecnologias na área do átomo, da informação e da genética causaram um crescimento brutal dos poderes do homem, num estado de *vazio ético* no qual as referências tradicionais desaparecem e os fundamentos ontológicos, metafísicos e religiosos se perderam. Quais os critérios atuais

Desafios da sociedade contemporânea

para definir se uma lei é justa? Justamente no momento em que as ações do homem se revelam grávidas de perigos e riscos diversos, estamos precisamente mergulhados nesse niilismo. É a partir da morte das ideologias, das grandes narrativas totalizadoras e dos sistemas unitários que se impõe reencontrar o "dever ser".

Jonas, pensador alemão aluno de Heidegger, lembra-nos que, pela primeira vez na história da humanidade, as ações do homem parecem irreversíveis. Isso nos remete basicamente ao princípio da responsabilidade, já enunciado por Platão, que governa a ética e a moral, tornando cada um responsável por seu destino. Instigado pelo potencial destruidor das novas tecnologias, Jonas introduziu a ideia de uma humanidade frágil e perecível, perpetuamente ameaçada pelos poderes de um homem perigoso para si mesmo. Esse novo princípio da responsabilidade corresponde a um certo minimalismo ético, um esforço de conciliação entre os valores e interesses.

É preciso emergir um "tu deves" como horizonte da ciência e obedecer-se a algumas normas éticas fundamentais. Mas como viabilizar essas condições iniciais se boa parte da comunidade científica internacional está atrelada aos projetos privados das grandes corporações globais, submetidos à lógica do lucro e às rígidas regras de sigilo e patentes?

Urge rediscutir o mito do progresso em nossa civilização tecnológica. Até que ponto o prolongamento da vida, por exemplo, é desejável? A sociedade está preparada para receber os velhos? Quem, de fato, se beneficia de viver mais alguns meses atado a uma UTI, morrendo sem dignidade, longe do conforto da família? Para Kierkegaard, a morte levada a sério é uma fonte de energia sem igual, estimula a ação e dá sentido à vida. Já o controle do comportamento pelas drogas, as intervenções no cérebro, a terapia comportamental, programando a ação humana, e as manipulações genéticas envolvem profundos perigos que afetam a identidade pessoal. Para essas questões vitais a ética tradicional não tem qualquer resposta.

Jonas propõe um novo imperativo: tenho o direito de arriscar minha vida individual, ou pô-la em perigo, mas não a da humanidade futura. Esse imperativo assume uma não reciprocidade que se constitui em elemento característico. Como na responsabilidade relativa ao filho, da qual nada se deve esperar em troca; ou como na responsabilidade do homem de Estado que, mesmo que movido pelo gosto do poder, deveria ter como objeto de sua ação o futuro da humanidade.

Os partidários da autonomia da técnica argumentam com sua neutralidade, um atributo básico de inocência que a tornaria imune a critérios maniqueístas de "bom" ou "ruim". No entanto, a tecnologia é uma produção do livre-arbítrio do homem e de sua cultura, informado por seus valores e éticas. O vetor tecnológico pode ter o rumo que a sociedade humana desejar, se for capaz de se organizar em função dos interesses da maioria de seus cidadãos. Essa aliança com as técnicas deve ser negociada continuamente e requer cidadãos esclarecidos, vigilantes e críticos, não consumidores fascinados.

Os inícios da humanidade e, portanto, da ética, foram em parte selvagens e brutais. Os "gigantes" ainda dormem em nossas cavernas profundas. Eles misturam com promiscuidade a terra e o céu, poderes divinos e animais, deuses e feras; espelham a contradição do desejo humano, aprisionado entre os ideais mais elevados e os mais vis poderes; apresentam uma imagem dos originais grosseiros que ainda não trouxeram à luz um "eu" mais civilizado; são uma metáfora para o incorrigível estado de natureza, ainda protegidos da ira divina. Prometeu personifica a *techné*, o poder sem a sabedoria política ou ética. Irão os gigantes pós-científicos, Prometeus do Iluminismo, sair das sombras de nossas cavernas tecnológicas e fazer-nos sentir novamente o velho medo de um poder sem justiça?

28
Do drama de Sísifo às frágeis caravelas[1]

Em tempos confusos e sombrios, como são os deste início de século, torna-se urgente buscar razões para ter esperança. São elas que nos preservam do desespero; afinal, a vida nunca nos oferece certezas, só esperanças.

Momentos ruins da História evidenciam com mais força o drama do sentido da vida. Mas seria prudente perguntar se a vida tem sentido? A incompetência para iluminar essa sombra permanente, parte integrante da condição humana, leva-nos a criar metáforas. Para Wittgenstein, por exemplo, a tarefa da mosca-homem é sair da garrafa; e a do filósofo, de ensinar-lhe o caminho. Essa situação pressupõe, no entanto, que haja uma saída, ou seja, que a rolha esteja fora do gargalo. Ou estaríamos como um peixe preso à rede, que quanto mais se agita, mais se prenderá? Ao filósofo, neste caso, caberia apenas observar o inútil esforço, já que sua libertação pelo pescador será para a morte. Bobbio sugere um meio-termo entre as metáforas da garrafa e da rede, a do labirinto:

---

1 *O Estado de S. Paulo*, 26/7/2003.

existe uma saída que ninguém conhece previamente, nem o filósofo. Seu papel aqui, mais modesto, é de ensinar a coordenar esforços, fazer escolhas racionais, propor-se a metas intermediárias e, antes de tudo, não desistir. No labirinto, nenhum caminho assegura previamente o sucesso. E a única experiência apreendida, após muito esforço e observação, é que existem vários caminhos sem saída.

Mas o pressuposto dessas conjecturas filosóficas é que a luz existe e se revelará. Afinal, é preciso acreditar firmemente que a saída existe. Até porque se alguém se fixar na hipótese de que todos os caminhos levam a um impasse, de onde tirará energia para manter-se em movimento, continuar tentando? A alternativa é crer com toda a força que em algum momento alguma porta irá se abrir. Caso contrário, é o fim dos significados e dos projetos. Não por outra razão, Camus propôs tragicamente que o único problema filosófico realmente sério é o suicídio. Julgar se a vida vale ou não a pena ser vivida seria responder à questão fundamental da filosofia. Atenuantes existem. Os religiosos entregam-se a deuses que prometem uma outra vida para quem não deixar de acreditar. Um velho deputado alemão e presidente de uma comissão do parlamento europeu disse-me outro dia que o principal aprendizado de sua já longa vida é que nossas projeções falham, pessimistas ou otimistas; e que o inusitado e o imprevisto nos decepcionam, mas também nos salvam; basta olhar o que acontece com as previsões dos economistas. Por isso, crer cegamente – ter fé é, de certa forma, um fracasso do intelecto – constitui para Kierkegaard uma espécie de triunfo do crente.

Como nunca saberemos por antecipação se a saída existe, resta-nos acreditar; e trabalhar com total afinco nessa perspectiva. É mais inteligente e suportável supor que um dia

Desafios da sociedade contemporânea

um caminho poderá se abrir do que assumirmos a hipótese trágica de que a garrafa teria sido feita sem orifício. Esse é o truque dos condenados por uma doença mortal, que tentam alongá-la a qualquer preço, apostando numa nova droga que um dia talvez surja. É a busca desesperada do sentido da vida que Dino Buzzati constrói ao manter o seu exército alerta na fronteira avançada por décadas, à espera dos tártaros que nunca chegam, e que talvez nem existam. Até porque esse sentido pode estar simplesmente no tentar eterna e teimosamente. Por isso, para Camus, Sísifo é o herói do absurdo. Seu eterno retorno ao pé da montanha é o que mais interessa. É no momento em que desce mais uma vez para erguer a rocha, que de novo rolará, que ele supera seu destino. Esse é o mito trágico do herói, consciente de sua sina. De onde tira ele sua força? Toda a conformada e silenciosa alegria de Sísifo parece estar em que, de alguma forma, seu destino lhe pertence. Assumindo seu tormento, ele faz calar seus deuses. Para Camus, a própria luta sem fim, empurrando mais uma vez a grande pedra para o cume, tem de ser suficiente para preencher o nosso humano coração. Precisamos nos imaginar – e a Sísifo – felizes. Em suma, da própria desesperança há que tirar energia para avançar.

Portanto, ainda mais em tempos ruins, tratemos de ser otimistas. Afinal, olhar para o futuro é necessariamente preparar-se para uma viagem oceânica em frágeis caravelas. O texto do *Novum Organum* de Francis Bacon, escrito em 1620, dedica-se a enumerar 21 razões que autorizam a alimentar razoáveis esperanças sobre o difícil e incerto futuro. Paolo Rossi diz serem as conjecturas que tornam razoáveis as esperanças; elas são aquelas razões que nos preservam do desespero e nos animam a tentar preparar um futuro. As gerações futuras não têm um *lobby*. Quem não nasceu ainda não tem nenhum poder. Mas nós temos responsabilidades política e ética para com eles. A própria democracia amarra-se na esperança. Rossi diz que ela é predominantemente ligada a uma filosofia que não provoca arrepios, que para muitos parece pouquíssimo excitante, que nasceu em polêmica com o entusiasmo, que insiste sobre os limites do possível, sobre o caráter provisório das soluções. Tem razão. A democracia vive da vaga esperança de que um mundo melhor não é impossível. Só nos resta, pois, obstinar no tentar; e aferrarmo--nos à hipótese de que, se saída por enquanto não existe, acabará pouco a pouco se construindo enquanto paciente e obstinadamente batalhamos por achá-la.

29
Novos deuses e manipulação genética[1]

Já que o Congresso Nacional resolveu criar uma Lei da Biossegurança que regulamenta – entre outras – pesquisas genéticas com embriões, é fundamental à sociedade brasileira aprofundar o grave tema da manipulação genética. Afinal, quando nossos descendentes lançarem um olhar retrospectivo sobre as práticas da eugenia liberal, estarão a nos chamar de monstros irresponsáveis ou de semideuses geniais?

Para essas questões não há, infelizmente, nenhuma resposta universal e definitiva. Queremos ser seres *autônomos*, que agem segundo considerações normativas e democráticas? Ou vamos nos mover por um *arbítrio egocêntrico*, atendendo a todos os caprichos que o mercado pode nos conceder? Não se trata de criticar avanços louváveis da ciência, mas saber que riscos fazemos correr nossa própria espécie. Mas intervir no genoma humano precisa de regulamentação ou deve ficar à mercê das forças livres de mercado?

---

1 *O Estado de S. Paulo*, 16/10/2004.

Um jovem em crescimento pode um dia assumir ele mesmo a responsabilidade por sua vida e por aquilo que ele é. Isso não ocorre em relação às pessoas que sofrem manipulação genética. O novo adulto permanecerá totalmente dependente da decisão tomada por um terceiro – que não o consultou – e que não pode ser reformulada. Restaria o fatalismo ou o ressentimento. O setor da biogenética, muito promissor para as indústrias farmacêuticas e os laboratórios, se habilitará em pouquíssimo tempo para cirurgias de transplante com órgãos gerados a partir de células-tronco embrionárias e correções de genoma para evitar doenças graves; mas também oferecerá filhos com olhos e cabelos de qualquer cor, atributos de inteligência e habilidades variados etc. O temor é que entremos num processo sem retorno e só acordemos quando os eventuais danos forem irreversíveis.

Para Jürgen Habermas, parece consensual que o diagnóstico genético prévio deva ser *considerado* moralmente admissível se sua aplicação for limitada a poucos e bem definidos casos de doenças hereditárias graves. Com os avanços biotécnicos, a permissão acabará sendo estendida para intervenções genéticas em células somáticas, a fim de prevenir doenças hereditárias e outras semelhantes. Mas devemos poder dispor livremente da vida humana para fins de seleção? E o "consumo" de embriões? Não estaremos irresponsavelmente a "brincar de Deus"?

A mistura explosiva do darwinismo com a ideologia do livre comércio revigora-se no neoliberalismo que se globalizou. As pessoas se sentem no direito de moldar a vida genética dos seus descendentes. As tentativas de evitar, mediante recursos jurídicos, que nos acostumemos a uma eugenia liberal são chamadas *a priori* de reacionárias e contrárias ao progresso. Mas o limite crucial entre o acaso e a

Desafios da sociedade contemporânea

livre decisão, na questão da herança genética, forma a espinha dorsal da nossa moral. Enquanto os nanotecnólogos projetam um corpo repleto de próteses e microrrobôs capazes de se autoduplicar – unindo-se aos tecidos orgânicos para deter o envelhecimento ou estimular funções do cérebro. Habermas vê o comportamento moral como uma resposta construtiva à fragilidade e vulnerabilidade permanentes da existência corporal ou simbólica da infância, da doença e da velhice.

Saber que o próprio genoma foi programado pode perturbar nosso frágil equilíbrio psíquico? Para Hans Jonas, "trata-se do poder sobre o que está por vir; objeto indefeso de decisões prévias, tomadas pelos projetistas de hoje; um reverso do poder atual, a servidão posterior dos vivos em relação aos mortos". Os defensores da eugenia liberal pretendem mostrar que, sob o ponto de vista moral, não existe nenhuma diferença entre eugenia e educação. Assim como definimos a escola de nossos filhos, podemos escolher o sexo ou a cor de seus olhos. Contudo, a liberdade eugênica dos pais tem o grave problema de colidir com a liberdade ética dos filhos. Na medida em que o indivíduo em crescimento, manipulado de forma eugênica, descobre seu corpo como produto do *design* de outra pessoa, sua compreensão moral de "vida vivida" colide com a perspectiva reificante dos seus "construtores". A decisão sobre um atributo genético de um filho não tem possibilidade de uma *reconsideração,* é unilateral e inapelável.

Habermas lembra que o olhar comovido de quem espera curioso pela chegada do recém-nascido revela a "expectativa do inesperado". O indivíduo pode se defender da expectativa dos pais de que ele seja um bom matemático ou músico, buscando seu próprio caminho com certo esforço. Até mesmo fixações neuróticas podem ser solucionadas pela psicanálise. Essa chance não existe no caso de um atributo genético decidido pelos pais. Ele não permite a um adolescente, que lança um olhar retrospectivo sobre o que poderia ter sido, nenhuma solução; e o impede de se compreender livremente como o autor único de sua própria vida. Somente no caso de se evitar uma grave enfermidade, ele poderia compreender. Habermas adverte que, por esse caminho, o universo povoado pelos seres humanos pode virar algo insuportável. Por que deveríamos *querer* ser morais se a biotécnica silenciosamente está anulando nossa identidade de seres da espécie? Quando as visões religiosas do mundo perderam sua força universal, não nos tornamos cínicos nem relativistas indiferentes, pois mantivemos no código binário julgamentos morais de certo e errado – e assim *quisemos* nos manter. Ainda hoje adaptamos as práticas sociais a pressupostos da moral, da razão e dos direitos humanos, pois eles fornecem alguma base comum para a dignidade humana acima das diferenças ideológicas. No entanto, enquanto a Carta dos Direitos Fundamentais da União Europeia estabelece "a proibição de práticas eugênicas, sobretudo as que visam à seleção de pessoas [...] e da clonagem reprodutiva de seres humanos", nos EUA, as terapias genéticas quase não são mais questionadas, tendendo a transformar-se em uma espécie de compra em supermercados de produtos genéticos. É uma visão marcada pela tradição liberal de Locke, que coloca no centro de tudo a proteção da liberdade de escolha do sujeito contra qualquer ação limitadora, especialmente do Estado. Imagine gerações de adolescentes desequilibrados porque seus pais decidiram que fossem homens ou mulheres sem sua autorização. Serão pessoas geneticamente modificadas, tendo que partilhar com um pai autoritário e onipotente o destino de seu próprio sexo. Vale o mesmo para o superdotado, o atleta perfeito ou, seja lá que outro programa maluco os pais resolveram introduzir em seus genes.

Desafios da sociedade contemporânea

São questões graves que, diante do poder de provocarmos a sobrevivência ou o colapso da nossa própria espécie, nos colocam numa encruzilhada. Ainda é tempo de recordar com Nietzsche: se matamos os deuses, para sermos dignos desse ato temos que assumir a responsabilidade por eles.

30
Para onde nos leva o progresso?[1]

Excesso de conhecimento e técnica – que costumamos atribuir ao progresso – pode significar, paradoxalmente, a debilidade de nossa orgulhosa civilização global. Nietzsche fala do homem como um animal em contínuo acabamento, através da produção de cultura. Diante do relâmpago, em alguns milênios ele foi capaz de passar da oração ao para-raios. A técnica inventou maravilhas na eletrônica, no transporte e na comunicação. Mas também nos tornou dependentes de próteses sem as quais não sabemos mais viver.

Na Antiguidade grega, a filosofia competia com a arte da tragédia. Platão não podia apreciar a tragédia, pois a sabedoria dessa arte consistia em deixar certas coisas na penumbra. Afinal, para os platônicos, só se chega à tragédia por insuficiência de conhecimento e lógica. No entanto, não teria Édipo vivido melhor sem conhecer seu terrível passado? O mito de Prometeu fala que ele trouxe o fogo ao homem, possibilitando sua escalada cultural. Na versão de Eurípedes, porém, os

---

1 *O Estado de S. Paulo*, 8/11/2005.

homens ficavam inativos em suas cavernas porque conheciam a hora de sua morte. Prometeu resgatou-lhes o esquecimento, permitindo que – ainda que soubessem que iriam morrer – ignorassem quando. Além de livrar-lhes daquele paralisante conhecimento, deu-lhes o fogo para ajudar a florescer seu espírito de trabalho.

Na verdade, filósofos contemporâneos como Rüdiger Safranski e Roger Shattuck se perguntam até que ponto o homem pode afastar-se de sua primeira natureza por ação da cultura, sua segunda natureza, sem entrar em oposição autodestruidora com a primeira. A tecnologia, por exemplo, permitiu transformar nosso potencial agressivo em uma força destruidora do equilíbrio econômico e ambiental do planeta, gerando a sensação da angústia de um potencial catastrófico de dimensões globais, que tem como agente o próprio homem. Se, de um lado, não podemos negar os benefícios da difusão contemporânea das ciências e da medicina no prolongamento da vida humana, o excesso de tecnologia abala o delicado sistema de proteção que envolve a psique humana. Antes, o ocorrido em lugar distante tinha tempo de revestir-se com interpretações e elaborações. As notícias da queda da Bastilha e do trágico terremoto de Lisboa foram sabidas meses após em outros países. Hoje, tudo é instantâneo. Mas, como bem lembra Safranski, "quem se dirige depressa demais a qualquer lugar, não está em nenhum lugar". Quando terminavam longas marchas a pé, os primitivos da Austrália sentavam-se por algumas horas para dar tempo à alma de chegar. Em outros tempos, viajar era uma experiência de onde se retornava transformado. Hoje, parece que ficamos no mesmo lugar. A mobilidade global uniformiza aeroportos, hotéis, redes de lanchonetes e *outdoors*. O local também se pasteuriza em global. Próximo e distante se mesclam, as

Desafios da sociedade contemporânea

coordenadas individuais de espaço e tempo se perturbam. O cenário global de ameaças – o aquecimento global, a manipulação genética, a propagação da Aids, a camada de ozônio ou o equilíbrio dos fundos de pensão –, tudo invade nosso mundo imediato, crescendo dramaticamente a distância entre nossa intimidade com o global e nossas possibilidades de atuação. O superego freudiano parece insignificante em comparação com esse outro imenso superego que nos responsabiliza diretamente pelo futuro do planeta.

Antigamente, sacerdotes e ideologias nos ajudavam a suportar essa situação. Hoje sobram-nos o esoterismo vazio e os contraditórios especialistas globais. Uns provam que o homem é responsável pelo aquecimento global, outros garantem que não; uns dizem que telefone celular pode causar câncer e problemas de DNA; outros juram que é bobagem. O mesmo para os efeitos em médio prazo dos alimentos transgênicos e dos raios-X. Enquanto isso, John Abramson, conceituado médico americano professor de Harvard, denuncia as manipulações da indústria farmacêutica para induzirem a população a consumir remédios desnecessários e que podem fazer mal.

Agora nossa vida depende totalmente das próteses tecnológicas. Um médico não mais diagnostica sem sofisticados equipamentos que, por custarem muito caro, inviabilizam os planos de saúde da maioria. O indivíduo não sabe mais viver sem telefone celular e internet. Temos saídas? Usando as antigas metáforas das florestas, há que criar clareiras na mata. Os gigantes de Giambattista Vico moravam em bosques cerrados até que terríveis relâmpagos abriram um claro; com um pedaço de céu aberto, puderam começar a se integrar na cultura. Em *Dircurso do método*, Descartes dá o sábio conselho ao viajante que se perdeu na floresta: caminhe sempre em linha reta; por mais longa que seja a direção, em algum momento você se livrará dela. Hoje a segunda natureza do homem é que se transformou numa densa floresta e o processo se inverte; para sobreviver e não se tornar totalmente dependente, o homem precisa manter-se crítico e lúcido: ao mesmo tempo que abre constantemente clareiras para poder respirar, deve manter um senso de direção que lhe permita achar uma saída. O segredo está em utilizar os aparatos tecnológicos com inteligência, mas nunca transformar-se em escravo deles. Só poderemos aproveitar das tecnologias com sabedoria se soubermos viver sem elas; e se – na contramão do globalismo – soubermos cultivar menos rapidez, espaço para o capricho, sentido do local, capacidade para desconectar e para não estar sempre de prontidão. Em suma, cercados pelo bosque do progresso, temos que manter um olhar no claro do céu.

31
O mito do progresso [I][1]

Em meio a um enorme avanço da parafernália eletrônica e dos maravilhosos produtos da tecnologia, uma mídia global a serviço do consumo tenta provar que somos felizes cidadãos imersos numa era de imenso progresso. No entanto, o século XX foi o mais violento da história registrada. O número de mortos causados ou associados a guerras durante esse período, para Eric Hobsbawm, é estimado em 187 milhões. A partir de 1914, as guerras foram quase ininterruptas, matando sem distinção combatentes e, progressivamente, não combatentes. Na Primeira Guerra Mundial, apenas 5% dos mortos foram civis. Na Segunda Guerra eles já foram mais de 65%. Atualmente, com tropas de especialistas operando armas de alta precisão, mais distantes do cenário de batalha, esse número é ainda maior. O sofrimento dos civis é multiplicado pelo drama dos refugiados. Duas semanas de guerra entre a Índia e o Paquistão pela independência de Bangladesh, em 1971, produziram 10 milhões deles. As lutas entre unidades

---

1 *Folha de S.Paulo*, 30/5/2002.

armadas na África nos anos 1990 geraram outros 7 milhões. O mesmo Hobsbawm acha revelador como as resoluções das convenções de Haia de 1899 e 1907 – distinções entre combatentes e população civil e a definição de guerras como conflitos entre Estados – foram progressivamente esquecidas à medida que o século avançava. As fronteiras entre guerra e paz perderam nitidez. A Segunda Guerra começou sem uma declaração de guerra e terminou sem um claro tratado de paz, seguindo-se uma "Guerra Fria", que durou quarenta anos. Nos anos recentes, o termo "guerra" ampliou-se: "guerra contra a máfia", "guerra contra a droga" e, agora, "guerra contra o terror".

A globalização avançou em quase todos os campos, exceto na ausência de uma autoridade regulatória capaz de arbitrar disputas e garantir uma distribuição menos injusta dos recursos globais. À medida que os bolsões de miséria foram se consolidando, vários Estados nacionais – omissos em suas obrigações constitucionais – foram perdendo a legitimidade social do monopólio da violência, cedendo-o a organizações clandestinas e criminosas. O conceito de guerra se banalizou. Nas periferias de metrópoles mundiais como Rio de Janeiro e São Paulo morrem atualmente tantos civis quanto em guerras localizadas. Para cada jovem europeu assassinado perecem 200 cariocas. Em São Paulo, 62% das mortes de jovens são por homicídio e, muitas vezes, em conexão com a droga. A escalada é geral. No Brasil, enquanto o número de homicídios por habitante de 1991 para cá cresceu 14% (somos o segundo país mais violento do mundo, apenas atrás da Colômbia), entre os jovens esses homicídios evoluíram 48% (só perdemos para Colômbia e Porto Rico). Mas a escalada da brutalidade não ocorre só entre nós. Fator decisivo para a surpreendente votação de Le Pen nas últimas eleições francesas foi o crescimento dos crimes violentos na França que, segundo Alain

Bauer, professor de criminologia da Sorbonne, passaram de 100 mil para 400 mil nos últimos sete anos.

Recentes ensaios publicados pela *Revista da Cepal* mostram que, durante as décadas de 1980 e 1990, os pobres latino-americanos perderam ainda mais renda, apesar de ligeira recuperação no último decênio. Rubén Katzman lembra que, tendo incorporado expectativas de cidadania plena e aumento de consumo através do trabalho, os pobres urbanos viram-se seduzidos por uma sociedade moderna da qual só puderam participar simbolicamente; e viveram o aumento do desemprego e da informalidade. A mídia global – que hipervaloriza o consumo supérfluo e a performance – está a serviço de uma sociedade que permite a um número cada vez mais restrito de indivíduos alcançar o sucesso. Por outro lado, o crescimento da exclusão, da precariedade e da concentração ostensiva de renda também tem muito a ver com os novos padrões de violência. Igualmente, há fortes indícios de que a indústria cultural global, gerada pela competição exacerbada e balizada pelos padrões hollywoodianos – sem nenhuma autorregulação senão a busca desenfreada por consumidores e lucro –, é causa importante dos comportamentos agressivos. Pesquisadores da Universidade de Columbia – em estudo divulgado pela *Science* – após acompanharem grupo significativo de crianças do Estado de Nova York, constataram nítido vínculo entre seus comportamentos violentos e tempo de exposição à TV. Enquanto apenas 5% dessas crianças – que viam menos de uma hora de programação diária – praticaram mais tarde atos agressivos contra outras pessoas, esse número era de 23% para quem assistia de 1 a 3 horas e de 29% para quem via mais de 3 horas. Os pesquisadores constataram, também, que uma hora de programação típica de TV norte--americana contém de 3 a 5 atos violentos. Já o sociólogo

Monique Dagnaud, antigo membro do Conselho Superior de Audiovisual francês, recomendou ao seu governo muito cuidado com os efeitos da propaganda em crianças de 4 a 12 anos, fortemente influenciáveis à persuasão. Na França, nessa idade, elas assistem em média, a quase 3 horas de TV por dia. É preciso considerar que a criança muito pobre é exposta à mesma propaganda que a criança rica. E quando as mensagens explícitas ou subliminares associam afeto e sucesso a produtos, quem pode comprar o faz; quem não pode, acumula frustrações; ou, em casos extremos, pratica a violência. Pesquisas na Febem de São Paulo indicam um percentual expressivo de jovens detidos por roubarem tênis ou camiseta com grife.

Assim, em meio a TVs digitais, telefones celulares, sensores automáticos e mágicas da eletrônica e da computação, estamos construindo um mundo cada vez mais violento e cruel. Não parece essencial revermos o que se entende por progresso?

32
O mito do progresso [II][1]

Qual o significado da palavra *progresso* no imaginário da sociedade global? Em *Alice no país das maravilhas*, de Lewis Carrol, o gnomo irascível Humpty Dumpty afirma: "Quando utilizo uma palavra, ela significa precisamente aquilo que *eu quero* que ela signifique. Nada mais, nada menos". Alice pergunta se uma palavra pode significar coisas diferentes. Dumpty, qual um *hegemona* de plantão, replica altivamente: "O problema está em saber *quem manda*. Ponto Final".

No alvorecer do século XXI, paradoxos estão por toda parte. A capacidade de produzir mais e melhor não cessa de crescer; e exige ser sinônimo de *progresso*. Mas, para além dos espetaculares e inegáveis sucessos do engenho humano que tornaram a vida muito mais confortável e mais longa, o *progresso* parece ter perdido o rumo; e traz consigo maior exclusão, concentração de renda e degradação ambiental. Os países mais avançados produzem armas de impensável poder de destruição, ao mesmo tempo que desenvolvem

---

1 *O Estado de S. Paulo*, 27/5/2006.

e divulgam globalmente uma cultura que se compraz em imagens de extrema violência e estimula a intolerância. Tão inquietantes quanto os riscos nucleares são agora aqueles decorrentes da microbiologia e da engenharia genética, com seus graves dilemas éticos e morais. Como equilibrar os benefícios potenciais da robótica e da nanotecnologia com o perigo de desencadearem um desastre absoluto que, na opinião de vários pensadores eminentes, pode comprometer irremediavelmente nossa espécie? Como manter a governabilidade global quando uma pequena elite cada vez mais afluente vive cercada literalmente por uma multidão crescente de excluídos; ou quando o padrão tecnológico em vigor produz anualmente bilhões de toneladas de resíduos tóxicos irrecicláveis que envenenam a Terra? São esses os temas centrais de meu último livro *O mito do progresso*, que a Editora Unesp acaba de editar.

A partir do século XVIII, a *doutrina do progresso* havia se convertido num credo. Ao otimismo dos enciclopedistas somaram-se as ideias de soberania popular de Rousseau; e em meio aos conceitos de Malthus e Darwin, duas vertentes centrais impuseram-se ao século seguinte: o socialismo e o individualismo, ambas adeptas do *progresso* enquanto determinismo histórico. Os imensos saltos tecnológicos na transição do século XIX ao século XX, porém, tiveram que conviver com a catástrofe de duas trágicas guerras mundiais e do terror nuclear; e a ideia de *progresso* entrou em recesso. Mas a contínua inovação tecnocientífica não parou de criar fantásticos produtos e serviços, induzidos a ávido consumo. Ao final do século passado o *progresso* foi reabilitado pelo neoliberalismo globalizado, que anunciava garantir paz e abundância através do mercado livre. A fantasia do "fim da história" durou muito pouco. O conceito de destruição

Desafios da sociedade contemporânea

criativa, essência da acumulação capitalista contemporânea, passou a exigir um sucateamento cada vez mais rápido dos ciclos tecnológicos para manter a roda do consumo em movimento. Como a renda gerada é insuficiente, agora se avança também pela incorporação dos mercados pobres à lógica da acumulação: miseráveis africanos utilizam celulares reciclados e recarregados por baterias transportadas em bicicletas; e latas de leite condensado, com fita vermelha pintada, são promovidas a presente de aniversário.

Uma questão central brota cada vez com mais força: esse tipo de desenvolvimento nos deixa mais sensatos e felizes? Ou podemos atribuir parte de nossa infelicidade precisamente à maneira como utilizamos os conhecimentos que possuímos? A idade dos velhos aumenta, mas a qualidade de suas vidas é cada vez mais precária. As UTIs tornam-se depósitos de mortos-vivos em condição desumana; e uma ciência vitoriosa e onipotente passa a "inventar" continuamente doenças para justificar novos medicamentos que fazem os lucros da pujante "indústria médica". Para além dos seus irresistíveis sucessos, as consequências negativas do *progresso* – transformado em discurso hegemônico – acumulam riscos crescentes que podem levar de roldão o imenso esforço de séculos da aventura humana em tentar estruturar um futuro viável e mais justo.

É inócuo atribuir inocência à técnica, argumentando que o foguete que carrega o míssil nuclear é o mesmo que leva os satélites de comunicação. Embalados pelas novas realidades, assistimos a um mundo urbano-industrial-eletrônico cada vez mais reencantado com as fantasias oníricas de "pertencimento" a redes, comunicação "plena" em tempo real, compactação digital "infinita" – de dados, som e imagem –, expansão cerebral com a implantação de *chips* e transformações genéticas *à la carte*. Mas, apesar de toda a magia das

155

novas tecnologias transformadas pela propaganda em objetos de desejo, há imensas preocupações quanto à direção desses vetores que não são escolhidos democraticamente pela sociedade mundial. Maurice Merleau-Ponty dizia que chamar de *progresso* nossa dura e penosa *caminhada* nada mais é que uma elaboração ideológica das elites. Assim como hoje é caracterizado nos discursos hegemônicos, esse *progresso* é apenas um mito renovado para nos iludir de que a história tem um destino certo e glorioso, que se construiria mais pela omissão embevecida das multidões do que pela vigorosa ação da sociedade respaldada pela crítica de seus intelectuais.

Convido, pois, o leitor a aprofundar os significados desses impasses na filosofia, na economia, na ciência médica e na ecologia. E a enfrentar um imenso desafio: tentar desconstruir o mito do *progresso* e libertá-lo da lógica do capital. Caso não sejamos capazes de fazê-lo poderemos estar, enquanto humanidade, dando passos largos em direção a graves riscos quanto à nossa própria sobrevivência como espécie e cultura.

33
Tecnologias e contaminação humana[1]

Uma das ameaças mais graves à humanidade neste início de século XXI é a degradação ambiental decorrente das tecnologias que sustentam as lógicas da produção global. Elementos tóxicos potenciais causadores de doenças – desde alergias até mutações genéticas e cânceres – estão no ar, na água, nos alimentos, nas roupas, nos aviões, nos carros e em lugares insuspeitos de nossas casas.

A revolução industrial foi o marco da emissão massiva de toxinas, a partir da queima de carvão e óleo. Mas hoje há inúmeros outros agentes perigosos produzidos em escala mundial. David Ewing Duncan, apoiado pela *National Geographic* e monitorado por Ake Bergman – da Universidade de Estocolmo –, utilizou laboratório de última geração para testar as substâncias potencialmente tóxicas presentes em seu organismo. Um dia após uma refeição com peixe-espada e atum, a concentração de mercúrio em seu sangue havia mais que dobrado; uma relevante presença de ftalatos foi atribuída

---

1 *O Estado de S. Paulo*, 18/8/2007.

a um banho com abundante uso de sabonete e xampus; e seus altos níveis de polibrominatos foram debitados a voos de longa duração. De onde vêm esses "venenos"? As usinas termoelétricas que queimam carvão são uma das principais fontes de contaminação por mercúrio. Ele é lançado no ar pelas chaminés, dispersado pelos ventos e retorna com as chuvas, acumulando-se em lagos, rios e oceanos. Por ação de bactérias naturais, transforma-se em metilmercúrio, que entra na cadeia alimentar pelos plânctons e, a partir daí, chegando aos grandes predadores como atum e peixe-espada. Já os ftalatos dão flexibilidade a objetos plásticos e filmes de embalar alimentos, espessam esmaltes, xampus, loções e sabonetes, provocando distúrbios sexuais em cobaias machos e podendo afetar bebês. Finalmente os polibrominatos estão presentes em cabines de aviões repletas de revestimentos retardantes de fogo, cortinas e tecidos, colchões e travesseiros de espuma, assentos de cadeira e aparelhos eletroeletrônicos; em doses elevadas, provocam distúrbios neurológicos em animais de laboratório. Mas há inúmeros outros resíduos da civilização tecnológica contemporânea que vêm preocupando cientistas e pesquisadores. Evidências e denúncias mais fortes têm provocado substituições, mas a vida continua sempre mais perto do lucro fácil do que do "princípio da precaução". O bisfenol A, contido em garrafas plásticas e até mamadeiras, pode penetrar nos líquidos que abrigam e são suspeitos de provocar lesões no fígado e câncer em cobaias. Pesticidas presentes em vários alimentos, sabonetes antimicrobianos e coleiras antipulgas podem gerar asma e distúrbios neurológicos. Dioxinas ainda são detectadas em várias atividades industriais como fabricação de certos papéis e indústrias químicas, penetrando na cadeia alimentar por vegetais, gorduras de herbívoros, peixes e laticínios; câncer

Desafios da sociedade contemporânea

e anomalias congênitas são seus efeitos possíveis. O mais recente "vilão" é o ácido perfluoroctanoico. Jeff Nesmith relata estudos realizados por pesquisadores para os Centros para Controle e Prevenção de Doenças dos EUA apontando-o como provável carcinógeno humano. Ele está no sangue de quase todo norte-americano e apareceu em 99% de casos das amostras em cordão umbilical de bebês analisados pela Universidade Johns Hopkins, podendo alterar seus pesos e os tamanhos de suas cabeças. Esse ácido é subproduto de antiaderentes usados em embalagens de certos alimentos, contaminando-os quando aquecidas; os atuais sacos de pipoca de micro-ondas liberam-no centenas de vezes mais que panelas revestidas e a indústria do setor já está sob pressão.

Doenças provocadas por toxinas industriais foram observadas durante boa parte do século passado. Algumas de suas trágicas consequências obrigaram a retirada forçada de inúmeras substâncias e alterações de processos de produção; mas chama a atenção que várias dessas consequências só foram descobertas muito tempo após a liberação do seu uso. O pesticida dibromocloropropano esterilizou dezenas de milhares de plantadores de banana, causando também mortes e milhares de intoxicações agudas e câncer em consumidores de óleo de arroz no Japão, vítimas de distúrbios imunológicos. Centenas de japoneses e iraquianos morreram ou sofreram lesões do cérebro por mercúrio consumindo peixes e pão com grãos tratados contra mofos. E a dioxina causou dezenas de milhares de casos de câncer e diabetes entre soldados e moradores do Vietnã, por conta do desfolhante "agente laranja" lançado por tropas norte-americanas. E assim por diante. Mas parece que as lições não foram aprendidas.

O que fazer diante de situação tão complexa e preocupante? Os otimistas afirmam que esse é o preço do "progresso"; para eles, apesar de tudo, a expectativa de vida média da humanidade continua aumentando e os mesmos vetores tecnológicos que causam doenças curam em maior escala do que matam. Eles garantem, à Adam Smith, que a busca do lucro abarca o interesse público e que o próprio capitalismo encontrará maneiras para se autorregular. Já os pessimistas pensam que o modelo de desenvolvimento econômico baseado nas leis do mercado e no encolhimento do Estado regulador é uma selva em que o interesse público é subjugado pelo lucro privado; e que caminhamos para uma degradação ambiental inexorável e para um salve-se quem puder. Balizada por essas duas posições radicais, a sociedade contemporânea vai ter que encontrar caminhos intermediários e soluções de compromisso para enfrentar o imenso desafio de retomar o controle da direção dos vetores tecnológicos e administrar os efeitos perversos de nosso sistema de produção sobre a saúde e o bem-estar dos seus membros. Será uma tarefa para gigantes.

34
Pós-humano: uma aventura trágica?[1]

Vários cientistas consideram o corpo humano como um *hardware* falho e ultrapassado; e propõem um aperfeiçoamento radical dele, em direção ao que chamam de pós-humano. Algumas razões são alegadas para essa atualização, que aconteceria pouco a pouco, modificando o organismo mediante a incorporação de próteses para lidar com as novas exigências. Uma delas é que o modelo econômico atual tende inexoravelmente a destruir nosso ecossistema original, o que é totalmente verdade; o problema é que, hiper-realistas ou conformados, eles acham que – incapaz de mudar o sistema de produção consumista, sucateadora e poluidora – nossa civilização desistirá de corrigir o modelo econômico e admitirá precisarmos, no futuro, viver fora de nosso *habitat* natural, que estamos liquidando. Outros cientistas chegam a alegar que, como eventual única espécie inteligente no universo, temos a responsabilidade cósmica de sobreviver; daí acharem ser nossa obrigação garantir a possibilidade de expansão para

---

1 *O Estado de S. Paulo*, 24/4/2007.

outros planetas. Isso exigiria a criação de melhores *hardwares* humanos para enfrentar longas viagens espaciais e árduas condições de vida alhures. A segunda razão alegada combina narcisismo com prepotência; e inaugura aquilo que alguns estão chamando de um novo tipo de eugenia. Na eugenia negativa havia a purificação da raça através da eliminação daqueles caracterizados como "humanos deficientes". Na eugenia positiva, existe a possibilidade de se "melhorar" o patrimônio genético por meio de transformação nas células, obtendo uma segunda linha de evolução do humano.

Como será uma civilização que pretenda superar o humano? Que avaliação faremos no futuro sobre as decisões que estamos tomando agora na biogenética, na nanotecnologia e na robotização, reguladas apenas pelo lucro e pelas leis de mercado? Terá sido um progresso ou uma aventura trágica? Os riscos e os impactos de natureza ética e psicossocial são inúmeros, mas a indústria médica já está fabricando produtos de modificação genética em grande escala; e o mercado os está impondo. Que transformações podem atualizar nossos *hardwares e softwares*, mantendo-nos, porém, na condição essencialmente humana? E quais seriam os riscos adicionais de se ir além? Trata-se de enfrentar tensões e integrações entre corpo e cultura, ou seja, máquina (*hardware*) e técnica (*software*). A questão soa estranha se colocada em termos de oposição, transformando máquina ora em servo, ora em senhor. Somos o que somos porque estamos conectados – de um lado – ao desejo (economia libidinal); de outro, ao *socius* (economia política). Os nanotecnólogos projetam a fusão do homem à máquina. Microrrobôs capazes de se autoduplica-rem circularão pelo corpo unindo-se aos tecidos orgânicos para deter processos de envelhecimento ou estimular funções do cérebro. Essas inteligências superiores ultrapassariam

Desafios da sociedade contemporânea

as limitações do *hardware* humano. Já ao nosso *software* cerebral prenuncia-se uma espécie de imortalidade com um aperfeiçoamento sem limites. Do ponto de vista neoliberal, essas novas técnicas são vendidas como uma possibilidade de aumento da autonomia pessoal. No entanto, Jürgen Habermas pensa que a manipulação genética poderá alterar nossa autocompreensão como seres da espécie, atingindo fundamentos normativos e incontornáveis da nossa integração social. As técnicas genéticas que visam seleção e alteração das características humanas podem abalar o modo como lidamos com a herança sob nossa responsabilidade e a estrutura geral da nossa experiência moral. Pois afetam a forma como nos enxergamos enquanto autores responsáveis por nossa própria história de vida, nascidos sob "mesmas condições". Que efeitos implantes de *chips* e a progressiva robotização do homem terão sobre sua autocompreensão? Ao decidir um programa de intervenção genética sobre um futuro filho, os pais modelarão o novo ser à sua vontade, sem conceder a ele qualquer possibilidade de escolha ou reconsideração. Esse indivíduo saber-se-á *design* de outra pessoa; por exemplo, um jovem descobrirá que foi programado para ser homem, quando hoje desejaria ser mulher; ou vice-versa. Os psicanalistas que se pronunciem sobre as consequências.

O significado das invenções e novidades científicas só aparece quando de sua construção como objeto histórico. Leonardo da Vinci esperava que o avião – conquista milagrosa da evolução tecnológica – fosse capaz de buscar a neve nas altas montanhas e trazê-la para refrescar as cidades sufocadas pelo verão. Os bombardeiros de hoje são a antítese dessa utopia. Os cientistas do projeto Manhattan tinham a convicção que a bomba atômica nunca seria utilizada sem uma ampla consulta popular. Truman decidiu sozinho as tragédias de Hiroshima e Nagasaki. É inútil tentar atribuir inocência à técnica. Ela pode ser muito útil ou profundamente destruidora, dependendo de como a utilizamos; e a serviço de que interesses ela esteja. Por isso é preciso manter uma crítica aguda sobre o desenvolvimento atual da tecnociência, atrelada que ela está a um discurso hegemônico que beneficia o lucro das grandes corporações e não necessariamente os objetivos sociais da promoção humana. Só assim poderemos evitar que esperanças se transformem em tragédia. Salvar o nosso planeta para as gerações futuras, usando o conhecimento para garantir um ecossistema renovado e um mundo mais justo é a prioridade óbvia, ainda que ao custo de alterar profundamente um sistema econômico pujante, mas que tem conduzido a tensões insuportáveis. O pós-humano ainda deve ficar nos laboratórios e na *Science fiction.*

35
Morte digna[1]

Vamos aprofundar uma reflexão iniciada neste espaço há quase dois anos. Em que medida é desejável o prolongamento da vida usando recursos extremos? Quem se beneficia desses procedimentos? A importância das tecnologias é óbvia. Mas onde estão o interesse do paciente que sofre e a proteção da sua dignidade humana? Imagine-se o drama dos pais de fetos com defeitos congênitos, para os quais a medicina de ponta recomenda intervenções radicais até antes do nascimento. Trinta anos atrás, médicos experientes costumavam dizer: a natureza é sabia; deixemos que ela selecione quem deve nascer. Hoje a tecnologia, onipotente e plena de esperança, obriga esses pais a uma decisão terrível: submeterem seus filhos aos procedimentos mais invasores ou sentirem-se eternamente culpados de não terem tentado o máximo. É o mesmo dilema trágico ao se tratar da sobrevida de mãe idosa, com doença grave. Embora o olhar da mãe implore o descanso final, médicos jovens armados com os novos recursos

---

1 *O Estado de S. Paulo*, 16/2/2008.

da medicina dizem: vai deixá-la morrer? E se um novo medicamento for inventado? Imensos recursos são investidos em novos equipamentos, que se tornam "indispensáveis" e, em seguida, precisam ser amortizados. O custo dos tratamentos aumenta pesadamente. E o sofrimento também. Para quem pode usá-los, proliferam hospitais privados moderníssimos; mas sobram pressões insuportáveis sobre a rede pública de saúde.

O nascimento de uma criança foi transformado, de uma função fisiológica para a qual o organismo da mulher esteve desde sempre preparado, em questão cirúrgico-hospitalar. O número de cesarianas no Brasil é quase o dobro do recomendado pela Organização Mundial da Saúde (OMS). O parto, tal qual evento cirúrgico, vê a mulher como recipiente a esvaziar. Só recentemente a onipotência "científica" concedeu procedimentos que a tradição e o bom senso consagraram: permitir bebês nos quartos com as mães; e colocá-los sobre seus colos ainda na sala de parto. E as normas hospitalares finalmente reconheceram que crianças saram mais depressa quando ficam acompanhadas de familiares ou tendo acesso a salas com jogos e pequenas diversões. Já hospitais das regiões muito pobres, carentes de recurso, substituem – em muitos casos com vantagens – as caríssimas e invasivas incubadoras pelas técnicas milenares de "mãe-canguru". Enquanto isso, fazemos muito pouco para reverter a lógica de nosso sistema de produção e consumo; e prevenir as moléstias que ele mesmo causa com alimentos pouco saudáveis, contaminação ambiental e emissão de ondas e radiações. As graves doenças geradas pelo nosso tipo de vida são as verdadeiras epidemias modernas. Na França os cânceres cresceram mais de 60% nos últimos vinte anos. Um casal em cada sete é infértil. São também epidêmicas as alergias, as doenças renais e neurológicas e o diabete.

Desafios da sociedade contemporânea

As novas técnicas de manutenção de vidas "artificializadas" agridem o senso comum. Elas exigem um corpo de doente infinitamente disponível, ligado a tubos e fios, pronto para intervenções sem cessar, numa verdadeira expropriação desse corpo que não pertence mais ao sujeito; é apenas um manifestador de sintomas. É o novo reinado das milionárias UTIs, tornadas rotina hospitalar, onde a vida se mantém totalmente dependente de máquinas e químicas. A morte digna cercada pelos parentes e amigos, aspiração atávica da humanidade, desapareceu quase por completo. Os doentes atuais morrem mais sós e mais lentamente, sedados para suportar a agressão de tubos e agulhas. O filósofo Jean-Luc Nancy fez um relato do drama de seu transplante cardíaco e das consequências dos recursos para evitar a rejeição, quando recebeu um órgão transformado e reciclado como peça de reposição: "Meu novo coração era um 'estrangeiro', a intrusão de um corpo estranho no meu pensamento". A possibilidade de rejeição instalou nele uma condição de "duplo estrangeiro". De um lado, o órgão transplantado; de outro, seu organismo lutando para rejeitá-lo e sua vida dependendo agora irreversivelmente da capacidade de enganar o próprio corpo, baixando brutalmente suas defesas imunológicas por mecanismos químicos. Nancy sobreviveu ao transplante, mas morreu após uma década de luta contra um linfoma produzido pelos efeitos dos remédios contra a rejeição. O câncer que emergiu foi um novo estrangeiro ameaçando sua integridade. Isso exigiu novas intrusões violentas, quimioterápicas e radioterápicas, mutilações cirúrgicas, próteses etc. "Eu acabei por não ser mais que um fio tênue, de dor em dor" induzido pelas possibilidades técnicas. Sua frase final: "Estou reduzido a um androide de ficção científica, uma espécie de morto-vivo".

Aos que perambulam pelos ambulatórios ou vivem presos a tubos de UTIs é imperioso perguntar se ainda lhes interessa viver, se a qualidade de vida que levam vale a pena. Essa é uma escolha que ninguém deve estar autorizado a fazer por eles, nem a equipe médica mais qualificada. É preciso aprender a assumir a finitude da vida e o enigma do fim. E enfrentar a morte com dignidade e o menor sofrimento possível, estabelecendo seu próprio limite à dor. Morrer é parte integrante do viver; as células começam a envelhecer assim que nascemos. Temos que nos preparar para esse fato inexorável e procurar viver da melhor forma até lá. A morte, embora sempre trágica para os que ficam, encarada com respeito é uma fonte de sabedoria sem igual, estimula a ação e dá sentido à vida. Se a discussão sobre políticas de saúde não levar em conta esses valores, acabaremos submetendo-nos apenas às prioridades de lucro do complexo farmacêutico-hospitalar privado. Seria lamentável. A vida é tudo o que temos. E uma morte digna é um direito humano.

SOBRE O LIVRO

Formato: 14 x 21 cm
Mancha: 23 x 40 paicas
Tipografia: Gautineau 10,5/15
Papel: Offwhite 75 g/m² (miolo)
Cartão Supremo 250 g/m² (capa)
1ª edição: 2014

EQUIPE DE REALIZAÇÃO

Capa
Tereza Bettinardi

Edição de texto
Silvio Nardo (Copidesque)
Mariane Pires Santos (Revisão)

Editoração Eletrônica
Sergio Gzeschnik (Diagramação)

Assistência Editorial
Alberto Bononi

GRÁFICA PAYM
Tel. (11) 4392-3344
paym@terra.com.br